陪孩子走过人生的三个关键期

柴一冰 朱妙祺◎编著

PEI HAIZI
ZOUGUO RENSHENG DE
SANGE GUANJIANQI

北京工业大学出版社

图书在版编目（CIP）数据

陪孩子走过人生的三个关键期 / 柴一兵，朱妙祺编著．—北京：北京工业大学出版社，2018.3

ISBN 978-7-5639-5937-2

Ⅰ．①陪…　Ⅱ．①柴…　②朱…　Ⅲ．①家庭教育　Ⅳ．① G78

中国版本图书馆 CIP 数据核字（2017）第 325499 号

陪孩子走过人生的三个关键期

编　　著：柴一兵　朱妙祺
责任编辑：付春怡
封面设计：周　飞
出版发行：北京工业大学出版社
（北京市朝阳区平乐园 100 号　邮编：100124）
010-67391722（传真）　bgdcbs@sina.com
出 版 人：郝　勇
经销单位：全国各地新华书店
承印单位：香河利华文化发展有限公司
开　　本：787 毫米 ×1092 毫米　1/16
印　　张：16
字　　数：191 千字
版　　次：2018 年 3 月第 1 版
印　　次：2018 年 8 月第 3 次印刷
标准书号：ISBN 978-7-5639-5937-2
定　　价：35.00 元

前　言

每一位父母都竭尽所能地爱自己的孩子，但是养育孩子除了付出爱之外，还要了解孩子的成长规律，陪伴他们度过人生的关键期。

家长们了解孩子成长的关键期吗？

所谓成长的关键期，即“对特定技能或行为模式的发展最敏感的时期或者做准备的时期”。“关键期”概念的创始人、20世纪奥地利动物学家劳伦兹经过观察发现，倘若小鹅在出生七天之内不与母亲在一起，此后就不会再认母，因为它错过了“认母期”。

劳伦兹的这一发现引起了教育学家们的注意，他们开始关注孩子的成长过程，并发现孩子的语言、行为、思维等能力的发育都有一定规律，由此将孩子的成长过程分为多个关键期。倘若父母能在孩子成长的各个关键期给予其正确的指引和培养，孩子的学习能力、思维能力等都能得到迅速提升，对孩子的成长大有裨益。反之，倘若父母错过了这些关键期，即便花费数倍的努力也难以弥补。

印度“狼孩”卡马拉姐妹俩自小与狼生活在一起，渐渐丧失了人类的特质。回到人类社会后，姐妹俩依然像狼一样生活，尽管科学家们尝试各种方法对他们进行训练，但姐妹俩的进步十分缓慢。一岁半的妹妹经过两个多月的训练终于能够发出“不”的音，但一年后就不幸去世了；8岁的姐姐经过3年的培训后学会用脚走路，但直到17岁去世时也只会说不到50个单词，智商水平保持在3岁左右。这则故事说明，人类一旦错过成长的关键期，即便付出再大的努力也很难弥补。

本书主要对孩子成长的三个关键期进行阐述，分别是0～5岁、6～8岁和13～16岁。因为0～5岁是孩子心理发展和学习能力发展的关键时期，孩子安全感的建立、行为习惯的养成等都在这一阶段逐渐形成。倘若家长疏忽了对孩子学习能力的开发和心理成长的引导，将对孩子的成长带来不利影响。

6～8岁是孩子组织能力、创造能力、思维能力、自控能力等的关键发展时期，他们对外界的事物充满好奇，能够通过学习获取知识和智慧，也懂得欣赏艺术和美。家长需要在这一时期培养孩子的兴趣爱好，引导孩子不断思考、主动学习，让孩子养成良好的学习、思维和生活习惯。

13～16岁是孩子的青春期，此时的孩子自尊心、独立意识较强，情感丰富，而且思维敏感，容易受到环境的影响。所以家长要与孩子增进沟通，给孩子更多关爱和尊重，在保住孩子面子的同时，对其心理、情感进行正确引导，让孩子走出青春期的各种误区，树立正确的“世界观、价值观、人生观”。

本书抓住亲子互动的日常细节，以“故事+理论”的行文方式向家长们讲述如何陪伴孩子度过人生的三个关键期，帮助家长在正确的时间科学地挖掘孩子的潜能，提升孩子各方面的能力，为孩子的美好未来打下良好的基础。

目　录

上篇　0～5岁是孩子启蒙的关键期

中篇　6～8岁是孩子好习惯养成的关键期

下篇　13～16岁是孩子形成自我的关键期

上　篇

0 ～ 5 岁是孩子启蒙的关键期

第一章 不可忽视的启蒙早教课

良好的早期教育对孩子有决定性的作用

早教即早期教育，是指孩子从出生到入学之前所接受的教育。早教旨在对孩子的体能、智力、心理进行启蒙和训练，为孩子全面发展打好基础。

婴幼儿期是孩子成长发育的重要阶段，这个时期的孩子神经系统发育快，各种潜能亟待开发。研究表明，婴幼儿时期的孩子对外界的刺激最为敏感，接受新事物的能力也最强。可以说，早教阶段是孩子智慧发展的黄金时期。生物学家研究发现，婴儿的大脑在出生后还将经历一个发育至成熟的过程。尤其是四岁之前，如果不为他们提供一个良好的发育环境，孩子大脑的发育将会被制约。

比如人们都听说过的“狼孩”，她们是从小跟着狼一起生活、长大的孩子，行为方式、思维习惯与狼并无二致，智力低下，发育迟缓。

1920年，印度加尔各答北部的米德纳波尔城中，出现一种“神秘生物”。他们经常在夜晚出行，长相和人类相似，但用四肢行走。一天夜晚，两个“神秘生物”和三只狼出现在米德纳波尔城内，三只狼被人们打死。大家出于好奇，跟随两个“神秘生物”来到狼窝，仔细一看，原来她们是两个小女孩。后来这两个小女孩被人们送到米德纳波尔的孤儿院抚养，大的取名为卡马拉，小的取名为阿玛拉。初到孤儿院时，她们依然沿袭狼的生活习性，而且不会说话。经过7年的教育，卡马拉仅掌握了45个词，16岁时，她的智商仅相当于三四岁的儿童。

可见，如果长期与其他人隔绝、得不到良好的教育，孩子的智力发展会受阻。此外，一些所谓智力超群的神童，其实也是由于在小时候就得到了好的教育。婴幼儿时期对孩子进行良好的教育和引导，为孩子创造一个“富有营养”的环境，不仅能促进孩子大脑的发育，也能为孩子的成长和发展奠定基础。

很多家长认为，孩子的智力是先天形成的，其实，孩子的智力在不断发展和成长，而幼儿期是孩子智力发展的关键期。早教能够促进孩子智力的发育， 增强学习效果。专家发现，2～3岁是孩子练习口头语言的最佳时期，而4～5岁则是孩子学习外语口语的最佳时期。这个年龄阶段的孩子语法、发音等习惯还未拘泥于母语，不会在学习外语时与母语混淆。5岁左右是掌握数学概念的最佳时期，6岁左右则应培养孩子的方位感。这些在蒙台梭利的教育思想中也有所提及。一些心理学家认为，5岁之前的孩子智力发展得最快。

一些学者认为，孩子的各种潜力在他们的一生中是逐渐递减的。如果施行适当的早期教育，就能激发他们的各项潜力。早教开始得越早，潜力激发得就越多。他们认为如果刚出生的孩子具有100分的潜力，出生不久就能得到良好的教育的孩子将能成为具有100分能力的人，而5岁之后才获得教育的孩子则最多拥有80分的能力。进行教育的时间越晚，孩子的潜力损失得越多。

针对一些家长对于早教会导致孩子的大脑劳累、损害智力的担心，学者也进行过实验研究。事实证明，这种担心完全没有必要。早期教育会给孩子的大脑丰富的刺激，不过并不会对大脑造成伤害，反而会促进大脑的发育。因此，适当的早教能够使孩子的智力得到充分的发展，这是孩子一生中教育的起点，能为其接受进一步的教育打好基础。

早教对孩子的重要性不仅反映在促进大脑发育上，还体现在知识储备上。知识是无穷无尽的，如果能较早开始对孩子的教育，帮助他们探索学习的方法，激发他们对学习的兴趣，就能使孩子主动学习，方便他们掌握更多知识。这也有利于孩子入学后接受教育。

一些孩子可能具有特殊的才能，即天赋。比如很多孩子在绘画、钢琴上的禀赋，高于常人。孩子的这些才能同样需要得到家长的引导。比如弹钢琴，有人认为孩子5岁之后再去学钢琴已经来不及。这是由于弹钢琴对孩子的手指的灵活性有较高的要求，手指的力量、灵活性、敏感性都是重要的指标。这些能力5岁之后很难得到提升。绘画能力也是如此，孩子对色彩的感觉、对事物的认识往往在5岁之前已经定型，之后很难得到扩展或改变。因此，在一些特殊才能上，家长需要对孩子进行良好的早教来引导，使他们发现自己的才能并进一步得到训练。

早教对孩子与父母的亲子关系有重要意义。在对孩子进行早期教育的过程中，父母与孩子进行良好的沟通，与孩子的交流比较多，不仅能让家长了解到孩子的个性和喜好，也能拉近双方关系，使孩子感受到父母的爱，心理安全感得以建立，这对孩子的成长是有好处的。而且，在此过程中，孩子的表达能力也能得到提升，这有利于他们的人际交往。

生活中，人们经常发现，一些孩子存在着这样那样的不足，比如不爱读书思考、喜欢撒谎等。这些习惯纠正起来往往比较困难。很多教育专家认为，这些习惯大多是婴幼儿期形成的。如果能够及时发现并通过适当的早教方式引导，完全可以弥补。婴幼儿时期孩子出现的问题，大多可以通过早教进行预防和化解。

很多人都知道这样一个故事，一位母亲对儿子百般娇惯，导致孩子养成了好吃懒做的习惯。有一次，母亲要出门远行，便做了一张足够儿子果腹的大饼挂在儿子的脖子上，让他饿了便吃。母亲回家后却发现儿子已饿死多日，而那张饼并没有吃完，脖子后面的饼孩子并没有吃到。原来由于太懒，孩子吃完前面的饼之后，便没有动过。

这便是没有对孩子进行良好的早期教育的恶果。如果母亲能够从孩子小时便对他进行引导，帮助他养成好习惯，纠正他身上的毛病，相信此类事件不会发生。从近年来频发的少年犯罪事件中，人们也可以发现，这些孩子或多或少在个性上都有一定的缺陷，而且这种缺陷似乎是一直存在的，这是父母没有进行充分、健康的早期教育导致的。

因此，早期教育对孩子的大脑发育、智力成长、个性养成和习惯养成都具有重要意义，家长一定不能轻视。不仅如此，良好的早期教育能让孩子更快地适应入学后的学习和生活，这有助于为他们以后的学习和生活打下良好的基础，让他们更加健康地成长。

3岁前，孩子有8个智力飞跃的台阶

智力是随着一个人的成长而发生变化的。从生理的角度来看，大脑成长发育速度最快的时期是0到1岁，6个月大的婴儿的脑重量为800克左右，已达到刚出生时的两倍。意大利杰出的幼儿教育家蒙台梭利认为，婴幼儿时期是一个人智力发展的关键时期，但是孩子的智力发展并非是持续匀速上升的，而是有8个关键阶段，也将其称为孩子智力飞跃的8个台阶。

第一次飞跃台阶是在孩子出生后的第五周左右。此时的孩子听觉、视觉较之前反应灵敏，对周围环境能通过观察和聆听来做出一定的反应。并且能够用表情来表达自己的情绪，也就是孩子开始会笑等。

第二次飞跃是在孩子出生后的第八周左右。此时的孩子经过自己的观察之后会发现周围的环境并非是一成不变的。对孩子来说，最初的目不暇接会让他的心理产生一定的恐惧，当然其中也会夹杂着好奇。这种好奇会促使孩子对周围环境进行更进一步的观察，在这种观察中，孩子的智力和各个感觉器官也会进一步发育。针对孩子的这种恐惧，蒙台梭利认为可以用增加孩子与母亲、家人的接触和互动来消除。

第三次飞跃是在孩子出生后的第十二周左右。经过十二周的成长和观察，孩子已经能够对周围环境的变化过程有所认知，并且能够做出初步的判断。此时的孩子行动会突然变得灵活起来，因为孩子认为自己此时已经对周围环境有了一定的掌控能力，并且能够对这种变化做出一定的反应，比如孩子会发出一些类似于说话的声音，有时会伴随着拍手、扭动身体等肢体语言，孩子的情绪也会较之前更为丰富。

第四次飞跃是在孩子出生后的第二十周左右。此时孩子最显著的进步是会更多地使用双手，看到物体第一反应是伸手去抓，用手摆弄研究，然后送到嘴里。

第五次飞跃是在孩子出生后的第二十六周左右，此时孩子不仅对周围的环境和事物的变化过程有了更进一步的掌握，对这些变化的因果关系以及事物内部之间的联系也会有进一步的认知。因此孩子在这一时期会理解日常生活中很多东西的用途。例如会按下开关然后看灯的光亮，看到奶瓶会拿起来喝奶等。孩子为了探究更多事物之间的联系，会不停地用摔、翻等方式来“研究”，对家长来说这无疑是个让人头疼的举动。于是有的家长会限制孩子双手的“探索”行为。其实这种做法对孩子的智力发展是有阻碍的。

第六次飞跃是在孩子出生后的第三十七周左右。此时孩子对周围环境和事物之间的关系的理解已经不仅仅停留在表面，而是开始有了抽象的思维。此时孩子开始有了分类的概念，对同一类事物有了一定的认知。比如对自己的玩具，不管是卡车还是汽车或者火车，明白它们都会“跑”，并且它们都属于“车”。这就说明孩子从这个时候开始已经初步具有类似于成人的逻辑思维能力了。

第七次飞跃是在孩子出生后第四十五周左右。此时孩子会对“顺序”这个词语有了认识。对生活中常做的一些事情，能够知道先做什么后做什么。比如孩子会知道想要使用电脑，就要打开电源；知道想要小火车跑起来，就要先将轨道拼接好等。此时的孩子开始喜欢自己动手做事。不过家长更多地会感觉到孩子是在添乱。蒙台梭利提醒家长，要抓住孩子智力飞跃的时机，不要盲目地阻止孩子的学习行为，要多帮助孩子完成自己想做的事，促进孩子的智力发育。

这一时期的最后一次飞跃是在孩子成长到五十五周左右的时候。这个时候的孩子会有更多的自主意识。之前会按照自己的模仿和理解遵守事物的顺序，而第五十五周时，孩子会更多地按照自己的意愿来安排生活中很多事，这是孩子自我意愿的表达。

0到1岁是孩子智力发展的重要时期，在这一时期内，孩子经历了8个智力飞跃的台阶，这对以后的成长具有重要的奠基作用。因此家长们要重视孩子智力飞跃的关键时期，对孩子施以正确、科学的引导和刺激，帮助孩子的智力健康发展。

了解蒙台梭利的“敏感期”教育

“敏感期”这一说法，最初由荷兰生物学家德·弗里在研究动物成长时提出的。首位将“敏感期”这一说法运用在教育学领域的是蒙台梭利。她认为，孩子在成长中也会经历多个敏感期。在她创立的“儿童之家”中，蒙台梭利经过长期的观察和总结，认为孩子在成长中的某些时期内，会对外部环境的刺激表现得非常敏感，并做出很明显的反应。蒙台梭利将这些时期称为孩子成长中的“敏感期”。在敏感期内会产生一种动力，这种动力会让孩子的某种学习能力增强或者产生非常强烈的学习欲望，或者会表现为孩子对某种特定的事物或者信息产生非常敏锐的洞察力和强烈的反应。这种动力也可以称之为“敏感力”，在这种“敏感力”的刺激下孩子的学习能力会增强，并对学习会产生很大的热情。而当这种“敏感力”渐渐消退，这种敏感期也会逐渐结束，那么孩子也有可能会失去对之前在“敏感力”的促进下所感兴趣的事物的兴趣。因此，抓住孩子的敏感期，对孩子施以正确的刺激，对帮助孩子的智力开发是具有明显的作用的。

要想帮助孩子在敏感期内开发智力，作为家长，首先要能够掌握孩子的敏感期都在哪些时期。根据长期的教育实践和总结，蒙台梭利将孩子的敏感期归纳为以下几个时期，并将孩子在每个时期内的敏感方向为家长进行了总结。

0到1岁是孩子对动作非常敏感的时期。在前文中我们提到过，在孩子成长到20周左右的时候，双手就会被越来越频繁地使用。而孩子的视力则是从出生后的第五周就开始进步，对动的东西会格外注意。因此我们可以看出，孩子对动作的敏感是一个持续且相对漫长的过程。从对运动的事物感兴趣，到自己动手参与各种活动，孩子的动作学习由简单到复杂，从某一种肢体的参与到协调地使用和调动全身，都是孩子在动作敏感期内的学习成果。

比如成长到1岁左右，孩子会开始对行走感兴趣，并且开始利用周围可以给自己提供帮助的物品来练习行走，并且不厌其烦地重复行走这一动作。孩子之所以会突然对行走感兴趣，其内在动力就是孩子的敏感期产生的“敏感力”。在“敏感力”的推动下，孩子就会获得独立行走的能力。当孩子完全掌握了行走的能力后，对行走的好奇也会渐渐淡化，此时，刺激孩子行走的“敏感力”也会渐渐退去，孩子也会迎来下一个敏感期。在下一个敏感期中，孩子对新的事物或者活动产生兴趣，也会获得新的能力。

家长有时候会发现孩子喜欢蹲在墙角看蚂蚁搬家，甚至可以兴致勃勃、一动不动地看好久。当孩子对生活中一些细节或者微小事物感兴趣时，也就到了孩子的另一个敏感期。这个敏感期大约在孩子1岁半到4岁之间。这个年龄段的孩子会对生活中一些细微事物产生很大好奇心，运用自己的视觉、听觉等认真感受周围环境的变化。这一时期也是促进孩子感官发展和智力发展的好时机，对塑造孩子沉稳、认真、细致的性格非常有帮助。蒙台梭利提醒各位家长，在这一时期内当孩子在认真观察或者学习时，不要贸然打断孩子，而是要引导孩子，使孩子的观察能力进一步提高，趁着“敏感力”的作用，可以教会孩子更多知识，促进孩子智力的发展。

0到6岁的孩子还会对语言表现得非常敏感。蒙台梭利根据孩子的学习特点将这一敏感期细分为前语言理解阶段、语言理解阶段和语言期这三个时期。在前语言理解阶段，也是孩子出生到8个月这一时期。此时孩子会对声音产生兴趣并认真聆听，配合视觉来理解声音发出者所要表达的含义。6个月时，孩子会尝试着发出声音，通过观察成人说话时的口型和声音来模仿说话。此时他们发出的声音大多是单音节，或者类似于尖叫的声音。语言理解阶段是孩子9个月到1岁这一时期。此时语言对孩子来说已经变成一种有意识的行为。到了语言期，即1岁到3岁时，孩子发挥出了天才一般的语言能力，掌握了大量的词汇和句子，并且熟练地掌握了自己的母语。在孩子的语言敏感期内，家长要注意多和孩子交流互动，帮助孩子提高语言能力，促进智力发展。

此外孩子的敏感期还有秩序敏感期，即2岁到4岁。这一时期孩子对周围环境十分敏感，如果生活中熟悉的环境发生改变，孩子会变得不安甚至哭闹。家长要在这一敏感期内帮助孩子提高对环境的认知能力和熟悉程度，让孩子能够适应环境的变化，提高孩子的智力。文化敏感期是指孩子6到9岁这一阶段。此时孩子已经进入学校接受系统教育，家长要注意引导孩子对文化的兴趣，让孩子在这一阶段吸收更多的知识。

父母应做孩子的榜样

常言道，父母是孩子的第一任老师。孩子的一切学习都从模仿开始，与他们朝夕相处的父母自然是孩子最佳的模仿对象。孩子有意识地模仿，开始于1岁半左右。从这一时期开始，孩子学着模仿成年人的样子做一些事情，但是孩子依然按照自己的理解形成自己的想法。因此家长是孩子模仿的对象和所要达到的目标。按照这种说法，家长为孩子树立的榜样越优秀，孩子所取得的成就也就越大。因此孩子的优秀程度与家长的榜样力量是分不开的。蒙台梭利却提出了不同的观点。她认为孩子的模仿结果与成人这个榜样的完美程度时没有关系的。因为孩子在进行模仿行为之前，已经经过的大量的和长期的“准备”。这种“准备”是孩子的成长经历与已经有所发展的智力。因此蒙台梭利认为成人提供给孩子的只是一个模仿的对象和行为的示范，她同时还肯定，一旦孩子开始模仿，那么他一定会超越自己的模仿对象，也就是说，孩子会比大人做得更好。

成年人这个榜样对孩子来说却又有着重要意义。榜样可以刺激孩子产生学习的兴趣，给孩子学习的方向。但是孩子这种模仿能力需要前期大量的积累和准备活动。例如1岁左右的孩子开始学着模仿成人独立行走，并且在很短的时间内就能够达到这一目标。孩子之所以能够成功学会行走，其根本原因不是家长的榜样有多么完美，而是孩子经过一年的成长，已经做好了充分的准备。成人的榜样只是起到了引导的作用，给孩子提供模仿的对象，让孩子能够获得具体的能力。当然要真正获得生活的技能和知识，还需要经过大量的练习和巩固，孩子才能够做到熟能生巧。

在生活中我们常常可以看到，孩子们经常会做一些在大人眼里毫无意义甚至显得非常可笑或无聊的事。例如有的孩子可以安静地坐在一旁将手里的白纸翻来覆去地“研究”，或者将它们撕成条状和碎片，孩子乐此不疲地重复着这一工作。对孩子来说，这些“准备工作”都是为了能够顺利获得模仿的能力，因此这个过程是非常关键和重要的。但是成年人往往站在自己的角度来看待孩子的这些行为，认为这对孩子来说是无益的，因此也会盲目、莽撞地打断他们，其实成年人的这种行为是在破坏孩子的学习。或许因为家长的不正确干涉，孩子就会失去认真观察的机会，他因此会变得烦躁不安。在“观察”这一项准备工作上，孩子的功课显然会因为家长的一次次打断而准备得不够充分，于是在他日后的生活中，他可能就会无法静下心来安安静静地观察事物了。

孩子做出任何行为都是出于他们内心的某种欲望或者需求。同样，模仿行为也是如此。在孩子的模仿行为中，更多的动力是好奇心。因为好奇妈妈在厨房里到底在忙些什么，或者一顿可口的早点究竟是怎样做出来的，孩子就会学着妈妈的样子像模像样地做起来。因此模仿最初的动力是好奇心，而模仿的行为也并不完全是孩子模仿的目的，他们的目的是好奇或者其他某种需求。

孩子的模仿行为并非是盲目的，相反地，蒙台梭利提出孩子的模仿是带有明确的选择性。比如家长会认为孩子最感兴趣的东西应该是玩具，因此会在自己忙碌之前给孩子准备一大堆的玩具，借此希望孩子不会再来打扰自己。但是事实往往并非如此，孩子会抛下在父母眼里非常有吸引力的玩具，转过头来看看成人在一旁“玩”什么，而自己也非要参与其中。孩子的这种行为除了好奇之外，更体现出他需要参与到成年人的活动中的一种内心需求。这是孩子在为自己的社会生活做准备，他希望通过模仿成年人的行为来让自己能够更容易适应周围的环境。对于孩子来说，周围的环境发生的变化才是最新鲜、最具吸引力的，因此他才会放弃成年人眼中孩子最喜欢的玩具而选择用模仿来介入成人的生活。

孩子的模仿行为对其成长有着重要意义，因此蒙台梭利也提醒家长们在生活中要注意培养和正确刺激孩子的模仿行为，帮助孩子更好地开发智力。

不要对孩子的行为进行过多的干涉。这样会导致孩子注意力无法集中，对孩子的性格塑造不利。

不要用自己的经验来限制孩子的模仿行为。自己的经验固然可贵，但是要想知道梨子的味道，就必须自己亲自品尝。家长要让孩子通过自己的模仿和体会来达到学习的目的。要知道学习没有捷径，只有自己去实践，才能获得真知。

3岁前是语言开发的最佳时期

美国著名科学家爱因斯坦曾说过："一个人的智力发展和他形成概念的方法，在很大程度上取决于语言能力。"语言教育在蒙台梭利的教育体系中占有非常重要的位置。她认为，语言能力的发展与孩子的各个感觉器官是分不开的。孩子通过耳朵来听，获取其他人的语言，这是学习语言最基础、最初的方式。孩子通过眼睛来观察成人说话时的口型，进而揣摩发声的方法。从咿呀学语，到逐渐能够发出单音节、双音节的词，最后慢慢地能够说出一个完整的句子，由简单到复杂，孩子通过调动自己的各个感觉器官，逐步积累了说话的技巧，再通过不断地联系，逐渐提高了语言的能力。随着年龄的增长，对周围环境的理解也逐渐加深，孩子就可以从完全模仿别人的语言到拥有自己的语言。

语言能力不仅是对孩子各个感觉器官协调能力的考验，更是对孩子思维方式和智力发展水平的综合考验。语言是人与人之间沟通交流的主要桥梁，也是孩子交往能力的重要体现。因此作为家长，一定不能忽视对孩子的语言教育。

蒙台梭利认为孩子在学习语言时会出现一个"爆发期"，这个"爆发期"出现在孩子2岁左右。在这一时期孩子会表现出对语言的极大兴趣，同时也是孩子提高语言能力、丰富语言知识的绝佳时期。所以蒙台梭利提醒家长，要在这一时期内给孩子正确引导，帮助孩子发展语言能力，进一步开发孩子的智力。

乐乐是一位刚刚1岁半的活泼可爱的小女孩，这个年纪正是咿呀学语的时候。现在的她已经能够说出“爸爸”“妈妈”等简单词汇，虽然有时候发音不是那么标准，但是孩子对语言总是显得兴致勃勃，嘴巴里总是不停地在说着什么。为了帮助她更好地学习说话，妈妈买了很多认识物体的“宝宝书”。

“这个是红色的。”

“红……”

“这个是红色，宝宝记住了，这个是红色的。”

妈妈指着红色卡片不断地给孩子重复“红色”。重复几次之后，妈妈开始问孩子：“红色的是哪个啊？”

乐乐歪了歪头，然后准确地指出了红色的卡片。

然后妈妈换了一种问法：“把红色的卡片给妈妈好不好？”

孩子稍作迟疑之后，拿起了红色的卡片。在妈妈的夸奖和鼓励下，孩子的嘴里也开始念叨：“红色的、红色的……”

在这个案例中妈妈给了孩子很好的引导，利用具有高度辨识性的颜色，充分调动孩子的视觉、听觉等各个器官，对孩子的语言能力施以恰当的引导，加深了孩子的印象和理解，慢慢地引导孩子尝试发声，用语言表达出了相关的内容。

教孩子从辨识物体开始学习语言表达能力是蒙台梭利教育法中的一个重要方法。蒙台梭利将这个方法的实施分为命名、识别、发音这三个阶段。首先家长要告诉孩子这个物体是什么，并且用准确和清晰的发音重复告诉孩子“这是红色的”，直到孩子对红色的这个物体和这样的发音都能够有印象并且形成初步的理解，这样才能进入下一个阶段。识别是教孩子能够对物体和所对应的发音都能够识别出来。这次家长可以改变提问方式，比如说“给我红色的”或者“红色的是哪个”这样的方式，和前一个阶段相比，改变了孩子的思维方式，加深了孩子对“红色”的理解，使孩子能够将“红色”和具体实物对应起来。完成了这两个步骤，家长就可以教孩子学习发音，重复给孩子做示范，让孩子在重复中掌握发声技巧，提高语言能力。

蒙台梭利非常强调在语言学习中听力的重要性，听觉器官和发声的语言器官是相关联的。因此在锻炼孩子的语言能力时，要注意训练孩子的听力。比如教孩子寻找声音的来源，学会辨识不同的声音。同时家长在给孩子做发音示范时，一定要尽力做到清晰、准确。逐字朗读和唱歌都是非常好的训练方法。尤其是在教孩子识别物体时，家长一定要给孩子做准确和详细的描述，这样可以加深孩子的理解，帮助孩子更快地掌握语言技巧。

蒙台梭利认为，锻炼孩子的语言能力，提高孩子的语言运用能力，让孩子能够准确、清楚地运用词汇和句子表达自己的观点，更好地和他人进行沟通交流。因此家长要注意孩子语言准确性的培养。教孩子学会使用恰当的量词、形容词，比如孩子如果说“好大的楼梯”，家长要及时纠正：“是好高的楼梯。”

孩子的语言能力的培养需要经过大量和长期的练习，0到6岁是孩子的语言敏感期，也是语言学习能力非常强的时期。家长要重视这一时期对孩子语言能力的培养，多和孩子沟通交流，再辅之以书籍、电视等多种工具，让孩子多接触语言，在各种语境中加深对语言的理解，在不断的实践中掌握和提高语言能力。

第二章　好习惯越早培养越好

讲卫生是让孩子健康的重要习惯

蒙台梭利曾说过："教育的目的，在于了解如何协助儿童生命的正常发展。"只有养成良好的生活习惯，才能为独立生活奠定基础。由于幼儿正处于生长发育的初期，可塑性比较强，这一特点有助于良好习惯的养成。不过，如果不加以培养，再加上孩子的自制力较差，很容易使他们养成不良习惯。因此，家长要重视对孩子的良好习惯的培养，卫生习惯就是重要习惯之一。

鹏鹏是个3岁的小朋友，身为独生子的他享受着父母的宠爱。父母总是觉得鹏鹏还小，因此事事围着他转，把他照顾得无微不至。每当鹏鹏把玩具扔得到处都是时，父母都会帮他收拾好。就连洗脚、洗脸等事情，都是妈妈帮着他做好，鹏鹏几乎什么都不做，父母也没有向他强调过卫生习惯的重要性。

没过多久，鹏鹏上幼儿园了。可是，他在幼儿园的表现并不好。老师经常向他的父母反映，鹏鹏不太讲卫生，不整洁。经常不刷牙、用手指挖鼻孔，有时还会用脏手揉眼睛，指甲长长了也不知道修剪。父母这才开始培养鹏鹏的这些卫生习惯，然而，鹏鹏常常拒绝，他觉得做这些事很麻烦。

上例中鹏鹏的父母事事替孩子包办，没有让他养成良好的卫生习惯，导致他生活不整洁、不卫生，也没有意识到卫生习惯的重要性。

良好的卫生习惯对孩子来说是很重要的，这种习惯的养成会使孩子的一生受益。要知道，生活中的大部分疾病都与个人卫生习惯有着密切关系。勤换衣服、整理房间、饭前便后洗手、早晚刷牙等卫生习惯看似小事，却直接影响着人们的生活质量。生活习惯不卫生的孩子，既不文明，又可能对身心健康不利。家长要让孩子保持个人卫生，热爱整洁，使他们养成良好的个人卫生习惯，这对他们的成长有重要意义。家长可从以下几方面入手：

第一，让孩子养成卫生的饮食习惯。要让孩子懂得病从口入的道理，教他们养成饭前便后要洗手、生吃果蔬前要洗净等习惯；一些孩子喜欢用手抓食菜肴，父母要使他们改掉这一习惯；还有一些孩子喜欢喝生水，家长要告诫他们，让他们知道喝生水的危害，督促他们改掉这一习惯。

第二，让孩子保持身体及服装的整洁。这关系到孩子的个人形象。一些孩子尤其是男孩，不注重个人形象，衣服上总是有污渍，还经常在外面玩得灰头土脸。对此，家长要让孩子明白，整洁的个人形象，能够得到他人的尊重，也能让他人感受到尊重，同时也能抵御细菌的侵袭。家长要教会孩子基本的自理行为，让孩子养成早晚洗脸、刷牙的习惯，勤洗澡、勤换衣服，衣服脏了要及时换。总之，要让孩子养成保持个人卫生的好习惯。

第三，让孩子注意生活环境的保洁。家长要告诉孩子，讲卫生不仅要保持个人的卫生，还要尽力保证周围环境的卫生整洁。不乱扔垃圾，不随地吐痰，还要经常整理自己的房间，保持清洁。

第四，让孩子养成有规律的生活习惯。为了帮助孩子养成良好的卫生习惯，父母可以尽量使他们的生活变得规律。可以为他们制定切实可行的生活计划表，规定洗漱、饮食、劳动的时间，使他们养成习惯，时间一到就去做该做的事。比如规定每周剪一次指甲，孩子养成习惯后不用父母督促，就能自己注意；规定每天早上六点半起床并刷牙洗脸，孩子也能逐渐养成习惯。

第五，增加孩子对美的认识。爱美之心，人皆有之，孩子也不例外。孩子对美有一定的认识和追求，但并不完善。家长可以通过提高孩子对美的理解，让孩子意识到良好的个人形象和卫生习惯的重要性，从而养成良好的卫生习惯。

除此以外，家长要注意以身作则。孩子的模仿性较强，很多习惯都是跟父母学的。父母生活习惯健康卫生，孩子经过模仿也会养成习惯。同时，父母要注意保持家居环境的整洁。卫生、整洁的家居环境，会让孩子产生保持整洁的意识，比如当他们看到自己的玩具摆放得比较乱，或是发现自己把地板弄脏时，会主动处理干净。因此，整洁的家居环境有助于孩子卫生习惯的养成。

“肃静活动”让孩子更有自制力

孩子生活习惯的养成不仅与自身因素有关，与环境同样密切相关。蒙台梭利发现，如果让孩子处于有准备的环境中，让他们循序渐进地学习，其习惯的养成和产生的效果是惊人的。她认为通过肃静活动能够有效地培养孩子的良好习惯。

丽丽是个3岁的小女孩，已经上幼儿园了。大家都夸她是个乖巧的孩子，她很有礼貌，自制力很强，课堂上很少乱动，不管做什么事都很稳重、专注。很多小朋友的家长都很佩服丽丽的父母。

原来，在丽丽两岁左右，父母就开始用“肃静活动”来培养丽丽的生活习惯。通常，妈妈会作为引导者，先让全家安静下来，然后走到较远处，轻轻喊出丽丽的名字，并让她做些事情或完成一个动作。刚开始时，丽丽做得并不好，经常在安静时间内动来动去。后来，在爸爸的示范下，丽丽完成得越来越好，逐渐能安安静静地待着，也学会了不去打扰别人，做事变得稳重、细心，自制力增强。

上例中，丽丽的父母通过“肃静活动”，锻炼了丽丽的心智，使她的自制力得到增强，让她懂得为他人考虑，良好习惯得到培养。

“肃静活动”是一种能有效改善孩子的行为习惯的方式。经过多年的研究，蒙台梭利提出了“肃静课”的理念和方式。“肃静活动”以有趣的方式对孩子的天性和心理进行了引导，不仅在学校中得以应用，对家庭教育也有重要意义。通过在家中进行蒙台梭利的“肃静课”，可以让儿童在自由、快乐、有序的活动中进行探索和尝试，培养良好的生活习惯。

那么，家庭中的“肃静活动”怎样进行呢？上例中丽丽父母的方式就是很好的参考。可以让妈妈做引导者，指导孩子慢慢地安静下来，然后妈妈走到较远的一个地方，轻轻呼喊孩子的名字，然后命令孩子做某些动作。刚开始时，孩子可能做得不够好，可以让其他家人一起参与，给孩子做示范。安静的环境能使孩子较快地进入有序状态，能够循序渐进地培养孩子的习惯。

蒙台梭利认为，让儿童进入有序的状态有利于建立良好的内在纪律，这种内在纪律有助于良好习惯的培养。不过，关于“肃静课”，家长需要注意以下几点，避开相关误区。

首先，“肃静课”并非要求孩子一动不动。在一些家长看来，让孩子在整个过程中一动不动、不能发出一点儿声音，保持绝对安静才意味着成功的“肃静课”。其实，这种看法是错误的。蒙台梭利指出，教育孩子，最重要的是解放孩子的天性，激发他们的内在潜力，使他们能够自然成长，使自身能力得到自由而充分的发展。因此，“肃静课”更重要的是让孩子感受到安静，体验到安静带来的美好，明白安静的意义，自愿养成并保持安静的习惯。因此，“肃静课”并非要求孩子一动不动，家长要避免这个认识误区。

其次，“肃静课”并不是压抑孩子的天性。一些家长认为，孩子的天性就是活泼好动的，“肃静课”就是让孩子安静下来，是在压抑他们的天性。其实，“肃静课”与孩子的天性并不相悖，不能简单地将两者对立。蒙台梭利鼓励家长顺应孩子的天性，使其得到发展，但并不意味着放纵。因此，“肃静课”可以对孩子起到引导作用，使孩子自由的天性进入“有序状态”。

最后，“肃静课”要循序渐进，不能急于求成。幼儿心智尚不成熟，自制力差，如果较长时间内接受外界指示，尤其是要求他们安静之类的要求，会导致他们失去兴趣，逐渐出现打瞌睡、分神等现象。因此，家长在对孩子实施“肃静课”的过程中，不要急于求成，如果发现孩子不能立即安静下来，进入不了状态，就不要勉强他们，可以先进行其他练习，先把安静的任务放下。待孩子情绪稳定，愿意安静时再展开练习。而且两次练习间隔的时间不要太长，家长要有耐心，给予孩子循序渐进的引导。

安全意识帮助孩子远离危险

蒙台梭利教室内曾经放置人们日常生活中使用的剪刀、针线、小刀等用具。要知道，这些物件对孩子有一定的危险性，那么蒙台梭利为何要这样做？

其实，蒙台梭利之所以这样做，就是为了让幼儿在成长过程中，掌握一定的安全知识，养成安全习惯。蒙台梭利主张家长通过多种方式，让孩子意识到危险的存在并学会规避。

3岁的洋洋是个活泼好动的小家伙，尤其喜欢动物。每次看到小动物，洋洋都会去逗它们。

这天中午，妈妈哄着洋洋睡着后，便在他身旁睡下了。不一会儿，洋洋就醒来了，看到妈妈还在睡着，觉得很是无聊。突然，他听到了鸟的叫声。顺着声音，洋洋来到了窗前，原来有一只喜鹊落在了窗边的树上。洋洋隔着窗户逗喜鹊，却觉得不尽兴，他很想摸摸喜鹊。于是，他打开窗户，想跨坐在窗前与喜鹊玩。要知道，洋洋家住三楼！然而，洋洋对危险浑然不觉。

幸好这时妈妈醒来了，她赶忙把洋洋抱下来，这才使洋洋脱离危险。

上例中，由于没有意识到危险的存在，贪玩的洋洋差点儿发生意外，可见安全教育的重要性。幼儿的好奇心比较重，又缺乏安全意识，很容易在日常生活中遇到危险。一些家长认为，等孩子长大了就会知道这些常识，学会规避风险。其实不然。安全习惯与其他生活习惯一样，需要从小培养。为了保证孩子的身心健康，使孩子安全顺利地成长，家长应尽力培养孩子良好的安全习惯。

目前，很多家庭对幼儿的安全教育不够重视，主要存在以下两种问题。

首先，很多家长对孩子重保护，轻教育。家庭生活中，父母对孩子常常是采取全方位的保护。在他们看来，让孩子少活动就能避免危险，在这种想法的驱使下，一些家长几乎事事替孩子包办，也很少让孩子活动。这导致孩子不但难以锻炼自己的实践能力，还缺乏安全意识。对此，家长要明白，他人对孩子的保护毕竟是有限的，最重要的是让孩子拥有保护自己的能力，因此，在保护孩子的同时要重视安全教育，增强孩子的自我保护意识和能力。

其次，大部分家长重知识而轻实践。很多家长明白安全教育的重要性，因此经常会向孩子灌输一些安全常识，却很少对孩子进行实践训练。这种灌输式的教育导致孩子对安全知识“左耳朵进，右耳朵出”，效果并不好。如果在给孩子讲安全知识的同时，对孩子进行行为训练，如教他们进行火灾逃生等，在实践中教孩子学会面对危险应怎样逃生，孩子的安全意识就能得到提高，对安全知识的理解也更加深入。

家长应从以下几方面入手，对孩子进行安全知识教育，使他们养成良好的安全习惯：

教孩子克制好奇心，让他们知道玩火、玩电很危险。幼儿的好奇心较重，很多孩子都喜欢玩火、玩电，有的还喜欢攀爬到高处。对此，家长要向孩子指出这些行为的危险性，尤其要向孩子指出电视里一些节目与现实生活的区别，避免他们因模仿而受伤。

让孩子改掉喜欢往嘴里、鼻子里放东西的习惯。一些孩子喜欢把花生米等东西放到鼻子里，或是将笔帽含在嘴里，这是非常危险的，这些物件很容易落入气管，导致窒息。父母要让孩子改掉这些坏习惯。

交通安全知识要掌握。一些孩子喜欢在马路边追逐打闹，家长要通过多种方式教他们学会交通安全知识，提高安全意识。

不要轻信陌生人。孩子社会经验不足，不懂得规避风险，容易轻信陌生人。对此，父母要让孩子明白，“防人之心不可无”，不要让孩子单独外出，同时要让孩子养成不向陌生人透漏家庭信息、不接受陌生人的礼物、不轻易给陌生人开门等习惯。

教孩子必要的逃生知识，让他们懂得避免危险的发生和遇到危险时保护自己。日常生活中，家长要让孩子掌握一些必要的安全常识，比如火灾发生时应拨打119，要用湿毛巾捂住口鼻等，同时还要配合实践训练，提高孩子的自我保护能力。

实施安全教育，培养安全习惯的方式是多种多样的。家长可以通过让孩子看安全教育短片、小儿书或亲自给孩子演习等方式，让孩子了解必备的安全常识，掌握一定的技能，提高安全意识，养成安全习惯，学会保护自己。

良好的睡眠习惯让孩子睡得香

在蒙台梭利的教育思想中，睡眠也是教育内容之一。睡眠对人体健康意义重大，其重要性甚至不亚于呼吸。通过睡眠，大脑能够保存能量，从而达到巩固记忆、更好地发挥大脑功能的效果。在睡眠过程中，人体的代谢速度降低，能够有效消除疲劳、恢复体力，免疫功能也能得到维持和增强。如果长期睡眠不足或睡眠不佳，身体的各项机能都会受到影响。因此，养成良好的睡眠习惯非常重要。

对婴幼儿来说，睡眠的意义更为重大，对促进其生长发育发挥着重要作用。对幼儿来说，睡眠也是一种大脑活动。睡眠不好会直接影响到婴幼儿的体力和智力的发展。因此，培养幼儿养成良好的睡眠习惯非常重要。

佳佳今年两岁，是家里人的掌上明珠，爸爸妈妈都很宠爱她。佳佳平时喜欢听故事，睡觉前尤其如此，总是拉着妈妈给她讲故事，否则就不肯躺下，妈妈只好给她讲故事。有时，佳佳听完一个故事还不满足，还会缠着妈妈再多讲几个，即使时间已经很晚了。妈妈觉得晚睡一会儿也没关系，让佳佳晚点儿起床就好了。因此，对于佳佳的请求，妈妈很少拒绝。

不仅如此，有时故事中的一些情节会让佳佳害怕，她就会要求妈妈陪着她睡。久而久之，佳佳甚至变得不敢一个人睡，总是要妈妈陪，还经常听故事听到很晚，睡眠质量不佳。

上例中，佳佳的妈妈没能使她养成良好的睡眠习惯，导致佳佳睡眠质量不佳。

蒙台梭利认为，婴幼儿时期，很多良好的习惯都是通过建立条件反射这种方式形成的，孩子的睡眠习惯也是如此。要想使孩子养成良好的睡眠习惯，家长首先要培养孩子养成按时入睡的习惯。家长可以从为孩子创造良好的睡眠氛围入手，到了睡觉的时间，保持室内安静、光线柔和，不要大声吵闹，尽量让孩子安静下来，不要让孩子过于兴奋。睡前如果孩子一时睡不着，也不要强迫他们，要顺其自然，使孩子平静下来、萌生睡意后自然入睡。此外，家长也要让孩子养成按时起床的习惯。可以给孩子规定起床时间，保证充足睡眠时间的前提下，避免赖床等不良习惯。

培养孩子良好的睡眠习惯，应从婴幼儿时期入手。孩子3个月时，家长就可以着手培养他们的睡眠习惯了。在孩子睡觉前，家长可以让孩子进行一些固定活动，如睡前洗澡、让他们听同一首催眠曲、给他们讲同一个故事等。

久而久之，孩子就会形成固定的睡前模式，一做这些事，他们就会意识到该睡觉了，逐渐养成自行入睡的习惯，良好的睡眠条件反射得以建立。

有些孩子睡觉总是要让父母陪，这也是不良的睡眠习惯之一。良好的睡眠习惯要求孩子能自行入睡。这就需要家长注意，要勇于放手，最好让孩子自己睡，养成独立的习惯。这样也有助于提高孩子的睡眠质量。家长还要注意，不要让孩子因看电视或忙于其他事情而推迟睡觉时间。有的家长认为，孩子晚睡一段时间也没关系，让他们晚些起床即可。这是不可行的。人体各部分的机能都有其最佳休息时间，并非保证足够的睡眠时间就可以，要让孩子养成早睡早起的好习惯。

此外，家长在培养孩子的睡眠习惯时，要注意避开以下误区：

1．认为白天睡的时间越长越好

一些家长认为，孩子的睡眠时间越长越好，因此白天也会让孩子睡较长时间。其实，即使是午睡，一小时也已足够。如果白天睡眠时间过长，不但会浪费时间，还会导致孩子晚上毫无睡意，甚至养成熬夜、昼夜颠倒等坏习惯。因此，家长要注意，孩子在白天的睡眠时间不要超过2小时。

2．认为临睡前让孩子疲劳些有助于睡眠

针对孩子不按时睡觉的习惯，一些家长想到一种方法：让孩子在睡前劳累些，这样他们就能很快产生睡意。这样做对孩子不利，过度劳累会导致肾上腺素浓度增高，孩子变得易怒、急躁，更加难以入睡，对健康也不利。

从一点一滴中养成节俭习惯

在蒙台梭利的教育思想中，她认为道德教育是奠定所有教育的基础。她曾说过，道德教育的最终目的，是让孩子对良知有感受。而勤俭节约，正是蒙台梭利的道德教育的一部分。

小杰今年5岁，是家里的独生子，父母对他有些娇惯，一向是有求必应。不管小杰想要什么，爸爸妈妈都会替他买来，满足他的需要。

渐渐地，父母发现小杰花钱越来越大手大脚，有时还会和小朋友攀比。吃饭时，不喜欢吃的菜小杰就会倒掉，还经常剩饭；过生日时，小杰要求爸爸妈妈给他办一场很大的生日会，还买来不少零食；跟妈妈逛商场时，小杰看到喜欢的玩具就想买回家，即使玩具很贵，他也并不动摇。

对此，父母很是苦恼，他们决定想办法让小杰改掉铺张浪费的习惯。爸爸想到小杰喜欢听故事，便经常给他讲些与节俭有关的寓言。渐渐地，小杰似乎意识到了自己的错误，父母指出他浪费时他会听父母的话，尽量做到节俭。

上例中，父母的溺爱导致小杰养成了铺张浪费的坏习惯。意识到这一点后，爸爸采用讲寓言故事的方式，使小杰意识到了自己的错误，懂得了节俭的重要性，改掉了浪费的习惯。

勤俭节约是中华民族的传统美德。所谓勤俭，就是指合理分配财物；而节约是指珍惜劳动成果。然而，生活中有不少孩子都像上例中的小杰一样，喜欢铺张浪费。一方面，这是由于他们的心智还不成熟，不懂得节俭的重要性；另一方面，很多家长没有重视对孩子节俭习惯的培养，有的甚至溺爱孩子，事事满足他们，导致孩子铺张浪费。

如果能让孩子养成勤俭节约的好习惯，不仅能培养他们良好的品德，也能帮助他们学会合理分配财物，提高独立生存的能力。因此，家长要在日常生活中重视对孩子节俭习惯的培养。以下建议供家长参考：

孩子剩饭、剩菜时指出他们的错误。很多孩子吃饭时都会剩饭，或是觉得吃不下，或是着急去玩。对此，家长不能娇惯，要告诉他们，吃饭时吃多少盛多少，以免剩饭。要让孩子知道，这些饭菜的背后有很多人的付出，比如农民伯伯的辛劳、妈妈做饭的辛苦，剩饭不但是浪费，更是对他人的劳动的不尊重。最好让孩子自己盛饭，避免浪费的同时培养他们的自理能力。

培养孩子理智消费的习惯。一些孩子花钱时总是大手大脚，还喜欢与人攀比，想要什么就要求父母买来。对此，父母不能一味由着孩子，要让孩子学会理性购物，买东西时要货比三家，买性价比最高的东西。而且要告诫孩子，买东西时一定要确认自己需要，而不能为了一时冲动或是与人攀比乱买东西。欠缺考虑的购物往往导致浪费。

用讲故事等孩子容易接受的方式教他们懂得节俭。一些家长也明白让孩子懂得节俭的重要性，因此总是苦口婆心地教导孩子，效果却不明显，有时还会导致孩子反感。对此，家长可以改变教育方式，用孩子容易接受的方式教导。比如有的孩子吃饭时经常掉饭粒，一顿饭吃下来，往往是地上、桌上都有饭粒，碗里的饭也没吃干净。这时，家长可以教孩子“变个魔术”，让他们把米粒变到肚子里；或是给孩子讲个故事，告诉孩子，浪费粮食的人会丢失自己最喜欢的玩具。这样既让孩子有兴趣去听、去做，又能避免浪费。

教孩子养成攒钱的习惯。为了避免孩子铺张浪费，家长还可以让孩子养成攒钱的习惯。家长可以给孩子买一个好看的存钱罐，鼓励孩子把零钱存好。比如可以买一个小猪形象的存钱罐，然后告诉孩子，如果有零钱就放到小猪的肚子里，这样小猪就能吃饱。久而久之，孩子就养成了攒钱的习惯。等到孩子的零钱攒到了一定的数目，家长可以让他们自己支配，这对他们来说也是一种鼓励。

此外，家长还可以通过玩游戏、讲寓言故事等方式让孩子避免浪费。比如当孩子没关紧水龙头时，家长就可以让孩子看看正在滴的水珠，告诉孩子那是水龙头在“哭泣”。总之，用孩子容易接受的方式去教育他们，并以身作则，引导孩子成长为一个勤俭节约、不攀比、不浪费的人。

第三章 从小培养孩子的独立性

趁早培养孩子的独立能力

自理能力，简言之即服务自我的能力，具体表现为生活中各项必备的基本技能。自理能力的提高是孩子学习走向独立的重要一步。蒙台梭利认为："教育孩子的最高目标，就是要让孩子能够自立。无论是从精神上、物质上都无须依赖父母，并且能够对自己的思想负责。"

幼儿成长到4岁左右时，正是自我意识极强的时候，这个年龄的孩子更喜欢按照自己的想法自己动手完成一些事情。在这一阶段，家长要给予孩子正确的引导，帮助他们学会独立，从而建立孩子的自信心和责任感。为了完成这一目标，家长就要教育孩子掌握一些基本的生活技能，让孩子逐渐学会自理。

在生活中我们常常能够发现这样的现象：幼儿园中有的孩子不能独立上厕所，还有的孩子不会自己穿衣服和鞋袜，有的孩子不能够独立进餐，甚至在家里都需要父母来喂，更不用说能够生活自理，或者帮助父母做一些简单的家务了。

有一位叫康康的小朋友不爱吃饭，为了让他多吃一点儿，妈妈每天端着饭碗，跟在满屋子乱跑的他后面，一口一口追着喂。他现在都上小学了，但是吃饭依然需要妈妈一边哄一边喂。妈妈想教育他自己学着吃饭穿衣，可是她发现康康根本没有学习的欲望，真正变成了“衣来伸手饭来张口”。而且在学校里康康的独立性也很差，不愿意自己上厕所，同学们一起游戏时他也很少参与。

妈妈非常为孩子担心，他的自理能力跟同龄孩子相比实在差得太多了，跟他的年龄也不吻合。但是面对已经上小学的孩子，他的教育难度已经远远超越幼儿时期了。

很多父母在孩子小的时候，觉得孩子年纪太小，学习自理太难了，想等孩子年纪大一点儿再教。但是，等孩子年纪大一些，父母会发现，此时再教孩子学习自理就会变得非常困难。原因在于孩子在幼儿时期会自发地进行学习，而父母一而再，再而三地阻止，会让孩子对学习自理失去兴趣；等待孩子年纪大一些，父母想教的时候，孩子已经不想学了。所以，对孩子的自理能力的培养一定要从小开始。

襁褓中的婴儿是没有独立意识的，他们也完全不具备独立的能力。但是六七个月大的孩子便渐渐开始学习爬行，自己有了行动能力，独立意识也开始苏醒。他们的双手开始抓东西，开始希望按照自己的意愿来做一些事情。这个时候如果家长不能给予孩子正确的引导，就会错过帮助孩子学习自理、学会独立的最佳时机。

其实在康康一岁多的时候，妈妈喂饭时孩子便会有抢汤匙或者筷子的举动，但是康康自己吃了几次后，妈妈看见他经常将饭桌弄得一团糟，衣服上也到处都是饭粒，于是妈妈便不再让康康自己费时费力地吃饭了。久而久之，康康便被妈妈喂成了习惯，不想再自己动手吃饭了。不仅如此，他失去了想要自理的欲望，整个人也变得没有自信、胆怯。在孩子学习自理的过程中，父母不要觉得孩子做得不好，要相信孩子，对待孩子要有耐心。孩子在幼儿时期要想学会一种技能，练习是必不可少的。父母要抓住孩子的敏感期，帮助孩子学会自理。

要想培养孩子的独立性，就要从培养孩子的自理能力开始。蒙台梭利早教智慧告诉家长，要培养孩子的动手能力，让孩子在日常生活中的小事中学会自理。比如让孩子自己动手刷牙、洗脸、穿衣、吃饭，整理自己的日常用品和玩具，掌握一些基本的生活技能，随着孩子的年龄增长，家长也要教孩子做一些力所能及的家务，教孩子学习帮助别人，培养孩子的独立意识和社会责任感，让孩子在生活中能够更加积极、自信。

父母要重视培养孩子的独立人格

在传统教育中，孩子的人格似乎总是被家长忽视。在孩子生命的最初几年甚至十几年内，家长总是用成人世界的法则来培养孩子和要求孩子，因此孩子更像是一个“将来时”，而非“现在进行时”的“产品”。在孩子真正长大成人或者在父母眼里“长大成人”之前，孩子并不能得到家长发自内心

的对他们人格的重视和尊重。

蒙台梭利很早就提出：“孩子本身也有其独立人格。”孩子的内心单纯，他们往往具备成年人无法相比的创造力和想象力。但是孩子的内心是十分敏感且脆弱的，需要成人的精心呵护，并帮助他们逐渐走向成熟。很多父母在孩子长大后会埋怨孩子懦弱，没有担当，其实孩子变成这样的原因是在孩子幼儿时期形成的。幼儿时期是孩子自身人格迅速发展的时期，孩子看到的、听到的、接触到的都会对孩子人格的塑造产生影响。当然，父母是孩子最亲近的人，所以对孩子的影响也最大。很多父母因为孩子年纪小而忽视了孩子的独立人格，强制孩子听从自己的安排。孩子如果不听话，他们就责骂孩子。父母的行为可能当时让孩子一时顺从，但是让孩子错失了培养自己能力的机会。

在孩子幼年时期，家长们往往更注重孩子的物质需求，更关心他们的身体健康。让孩子健康成长是每个家长义不容辞的责任，有句俗语叫作“身体是革命的本钱”。诚然，强健的体魄确实是拥有美好生活的基础，但是如果在早教期间家长只关心孩子有没有吃饱穿暖、衣服够不够干净等物质层面，而没有重视到孩子的人格发展和精神需求，就会导致孩子的身心发展不够平衡和健康。“没有一个人可以光靠吃面包活下去”，这句话同样适用于人的幼年时期。同时家长过分注重孩子的物质需求还有可能会导致孩子形成错误的金钱观等不恰当的观念。因此蒙台梭利早教智慧提醒家长，在孩子认为物质最不重要的幼儿时期，不要让孩子被物质左右，被物质奴役，导致孩子的价值观扭曲。

不得不承认，在家庭和学校的教育环境中，孩子的人格教育并没有得到应有的重视。而没有按照孩子的需求和特点设置的成人世界并不适合孩子的成长，而并不了解成人世界规则的孩子也将成年人拒之门外。这一点在家庭教育中和家长将“好孩子”定义为“听话的孩子”是极为相似的，家长按照自己的价值观和要求为孩子制定规则，并要求孩子听话。但是家长在这一过程中往往会有意或者无意忽略了孩子的独立人格，让孩子的精神需求和作为一个人被尊重的需求得不到满足。而长此以往，孩子的自信心会受到打击，对孩子的性格塑造造成极为不利的影响。

有一个孩子叫小林，今年5岁了，和同龄人相比，他显得非常胆小且没有主见。无论做什么事之前都要“请示”他的妈妈，让妈妈来给他做决定。一开始的时候，他的妈妈还引以为荣，经常向别人夸耀自己的孩子听话。但是随着时间的推移，妈妈发现这并不是一件好事。比如孩子连买一支铅笔都会来询问妈妈买什么样的，甚至都不敢独自出门买东西。

原来孩子从小便被父母教育要“一切听父母的”。他的家长认为孩子还小，根本没有自己选择的能力，也不会做很多事，因此事事都要由家长代劳。“他一个小孩子，懂什么啊？”往往很多家长都是抱着这样的心态为孩子包办一切的。“我是他妈，我还不了解他嘛！”“家长还能害了孩子啊！”顶着这些爱的名义，家长就这样剥夺了孩子很多的权利，将孩子的独立人格完全抛在脑后。更有甚者，有的家长会觉得孩子根本不存在“人格”，父母对孩子的管教是理所当然，对孩子的各种管教方式诸如打骂或者包办一切也都是“为了孩子好”。

蒙台梭利认为，每个人从出生开始就有了独立人格。作为家长，一定要承认并且尊重孩子的独立人格，帮助孩子认识到自己的人格，并且帮助孩子塑造积极的人格。独立人格的塑造对培养孩子的独立意识是非常有帮助的。一个没有独立人格的孩子是无法真正独立的。因此家长千万不能忽视孩子的独立人格，也不能忽略对孩子的性格培养。蒙台梭利告诉家长，在孩子的世界里，家长要比平常更为温柔和细致，不要用粗暴的方式给孩子幼小的心灵造成创伤，将他们正在渐渐苏醒的人格意识扼杀在摇篮里。只有家长给予孩子足够的尊重，孩子感受到被尊重的好处，推己及人，孩子才能在和别人的交往中给予别人足够的尊重。

父母呵护孩子不要用力过猛

当每一位家长怀着欣喜和兴奋的心情迎接来到这个世界的小生命时，都会给予他们最细致温暖的呵护和无微不至的照顾。作为家长，都在努力为孩子铲平成长路上的困难，为他们营造一个舒适幸福的生活环境。但是这种呵护和照顾一旦用力过猛，就会变成孩子厌恶逃避、家长劳心费力的“监督”。而此时，原本在孩子成长路上保驾护航的家长也会变成不近人情的看守员。孩子和家长的关系也会随之变得紧张，不复从前的温情和亲昵。

蒙台梭利认为，只会做看守员的家长无疑是失败的。家长在无时无刻的耳提面命中会让孩子的健康发展受到干扰甚至阻碍，不利于孩子的健康成长和身心发展。在家长的监督和干扰中，孩子逐渐萌芽的独立意识就会被磨灭，在孩子的成长中，“逃离监督和看管”就会成为最强烈的愿望，他的精力也就会放在寻求“解放”和“自由”中。家长和孩子的亲子关系也会受到非常不利的影响。这一影响如果持续到孩子长大，尤其是到了充满叛逆的青春期，更会给孩子和家庭都带来很大的不利影响甚至危害。

在本章中提到过，成人世界是不适合孩子的，其规则和要求对孩子来说也是不适合甚至无法接受的。家长之所以觉得孩子百般不听话、需要父母随时随地地监督，便是孩子在成人世界各种不适应的体现。其根本原因便是家长没有为孩子提供一个完全适合他们成长和生活的环境。在蒙台梭利的早教方法中，她建议大人为迎接这个新生命要做的准备中就包括为孩子提供一个完全适合的环境。例如大人的一切用品对孩子来说都是庞然大物，对孩子的使用造成很大的不便。因此作为家长，应该为孩子准备与他们的身高、能力等相匹配的日常用具，例如小床、小板凳、小毛巾、小牙刷等。这样孩子使用起来更加方便、更加容易，孩子也就更加乐于使用，孩子的懒散和需要父母事事代劳的情况也就也可以在很大程度上避免，因此家长便不需要时时刻刻都做一个看守员。

有一位妈妈发现自己的孩子在洗手间洗漱完后，洗漱台总会被弄得一片狼藉，牙刷牙膏随处乱放。“我跟你说过多少次了，东西用完后要放回原位，你怎么总是不听？”为了帮助孩子学会物归原位，家长不得不每天都跟着孩子在洗手间洗漱，然后在一旁指挥：“这个，放在那儿！”“那个，怎么又乱放了？你刚才在哪里取的？”有时候在情急之下，她的“监督”甚至会变成打骂，洗手间经常传来孩子的哭声。

于是渐渐地，孩子不愿意去洗手间洗漱，每次一到洗漱时间，他就找各种别扭。有一天孩子自己在洗手间洗漱，要把毛巾放回原位时，因为挂钩太高，他就踩在了小板凳上，结果没站稳，一下子摔了下来，鼻子都流血了。这时候妈妈才注意到，原来不是孩子不愿意物归原位，而是要做到把所有东西放整齐对孩子来说实在有难度。卫生间的一切装修和设计都是根据成人的身高和使用习惯设定的，对孩子来说挂钩太高、毛巾太大、洗手池太高。于是妈妈就在孩子够得着的地方粘了一个小挂钩，挂着属于孩子的小毛巾，又准备一个小盆专门接孩子刷牙的水。这样一来，孩子使用起来再也不会感到困难了，不用妈妈说，自己的东西都整整齐齐地摆放着。妈妈这个看守员也下岗了。

生活中的许多用品都是根据成人的角度去设计的，这就造成了孩子在使用时的不便。孩子在生活中遇到问题，父母不要立刻责骂孩子，首先向孩子询问原因，弄清楚事实，然后依据孩子的情况，用合理的办法解决。如果父母不问缘由，只知道打骂孩子，对孩子造成的心理影响是会伴随孩子一生的。如果父母一直做孩子成长的看守员，而不去理解孩子，对孩子造成的影响是非常不好的。

从0岁到5岁，这一时期正是孩子的自我意识从无到有的过程。尤其是进入4岁之后，孩子的自我意识和独立意识都处于高峰期，希望能够按照自己的意愿处理事情。而家长则认为孩子还小，不具备独立处理的能力，因此便会干涉孩子甚至监督孩子，成为孩子身边的看守员。从表面看，家长帮助了孩子，其实父母这样的帮助在无意识中扼杀了孩子想要独立的欲望，孩子会变得越来越依赖父母。

蒙台梭利提醒各位家长：在孩子成长的过程中，家长要指导、帮助孩子获取各项能力，健康快乐成长，但是指导和帮助并不等于时时刻刻的监督。家长要做一个引路人、护航人，而不是看守员、监督者。过分地干预孩子的成长，会打击孩子的自信心，更会滋生孩子的依赖性和懒惰性，最终不利于孩子的健康成长，也会给家长增加负担。

父母溺爱是孩子独立性的大敌

世界上最伟大、最无私的情感，应当属父母对孩子的爱。从十月怀胎到牙牙学语，再到逐渐羽翼丰满，每一位家长时时刻刻为孩子倾注着爱心。但是家长的关爱却也时常伴随着一种危险，稍不留神，保障孩子健康成长的关爱就变成了阻碍孩子身心独立发展的溺爱。

蒙台梭利认为，摆脱别人的帮助是孩子走向成熟的早期标志，也是一个孩子的本能。孩子在成长过程中越来越渴望能够在没有家长帮助的情况下完成一些事情，比如吃饭喝水、穿衣行走。但是孩子的这种愿望却时常因为父母的溺爱而备受阻碍。在这种情况下，父母常常出于帮助孩子的好意做一些事，幼儿时期的孩子对于父母来说实在是太弱小了，很多情况下，父母都是下意识地在帮助孩子，但这种行为确实在扼杀孩子的独立性。

父母常常抱怨孩子变成了“衣来伸手饭来张口”的宠儿，觉得因为孩子变得懒惰了，其实不然。造成这种结果的正是对孩子过分宠爱的家长。正是由于家长的过度溺爱，为孩子的生活“排除万难”，希望孩子能够过得轻松快乐，于是在爱的名义下，吃饭、喝水、穿衣、行走等最基本的行为都被家长用各种各样的方式包办，孩子一次次学习的机会被剥夺。在这个过程中，孩子也养成了对家长无比依赖的习惯，从最初的被动接受家长的“帮助”，到逐渐离不开父母的“帮助”，甚至不仅从生活上依赖父母，在心理上对父母的依赖更为强烈。也就是说，父母对孩子的溺爱使得孩子失去了独立思考的能力，或者对自己的思维产生了不信任，潜意识中认为必须依靠父母，以父母的判断为准则，不论大小决定都等待父母为自己做，自己只需坐享其成即可。这种习惯一旦养成，对孩子的成长和人生都是极为不利的，会造成很大的人格缺陷。

现代社会很多年轻父母由于工作繁忙，不得不由爷爷奶奶、姥姥姥爷代为照顾孩子。俗话说“隔代亲”，爷爷奶奶、姥姥姥爷对孩子的溺爱较之父母更是有过之而无不及。有了爷爷奶奶、姥姥姥爷做靠山，有的孩子会变得更加肆无忌惮、为所欲为。

“来来来，再吃一口，乖，就一口。”奶奶端着一碗饭，跟在玩遥控飞机满屋子乱跑的孩子后面，用央求的语气只是为了孩子能多吃一点儿饭。这样的一幕每天都会发生在亮亮的家里。

因为父母工作的原因，上幼儿园之前，亮亮都是由爷爷奶奶抚养的。爷爷奶奶对这个小孙子异常宠爱，真是“捧在手里怕摔了，含在嘴里怕化了”。在生活上无微不至的照顾让亮亮很快就变成了名副其实的“衣来伸手饭来张口”的孩子。甚至连出门都“脚不沾土”，都是爷爷奶奶背着他。家里每天便要上演奶奶到处追着孩子喂饭的一幕。

转眼间亮亮就到了上学的年纪。孩子的自理能力如此之差，让亮亮的妈妈非常担心。造成亮亮自理能力差的原因正是亮亮的长辈对于孩子的溺爱。

这样的例子在生活中其实并不少见。长辈宠孩子是出于对孩子的爱，但是不分对错一味地宠孩子是在害孩子。作为家长，这一点一定要注意，不仅仅是父母本身不能溺爱孩子，如果家中的长辈过于溺爱孩子，父母就要与长辈进行交谈，帮助孩子摆脱以自我为中心、依赖他人的毛病。

蒙台梭利认为，走向独立是每一个孩子的天性和本能，但是在这个过程中如果家长过分参与甚至干扰，用自己的劳动来代替孩子，就会使孩子丧失学习的机会，随着年龄的增长，孩子的学习能力就会下降，因此家长的溺爱会让孩子在日后的学习中付出更多的力气。所以家长不要因为一时心疼孩子而过分溺爱孩子，更不要干扰孩子正常的身心发展。

蒙台梭利在总结教育经验后对家长们提出这样的建议：第一，应该由孩子自己做的事，坚决让孩子自己完成。家长不能够替代孩子走向成熟，因此要让孩子学习自己变得独立。家长应该从日常生活中的小事做起，不应该事无巨细地为孩子做好。第二，家长要让孩子学会自己思考和解决问题。父母的溺爱会影响孩子独立思考的能力，这一点危害更大。因此家长要学会让孩子独立思考，做一个有主见的人。在生活中与孩子多用商量的口吻而非命令来解决问题，与孩子平等沟通，为孩子出谋划策，而非替孩子做主。第三，对孩子给予信任。很多家长之所以会替孩子包办一切，很大程度上是自己觉得孩子没有能力完成，必须由家长帮助。在帮助的过程中，家长无意之中就变成了替孩子完成。因此蒙台梭利认为，家长要相信孩子具有独立的能力，家长要给予孩子机会去锻炼、去证明。同时家长的信任对培养孩子的自信心和自尊心有很大的帮助，能帮助孩子更快地走向独立。正如蒙台梭利所说："我们给予儿童自由和独立，就像我们给予了一个早已对活动做好充足准备的创造者以自由和独立。"

父母的陪伴使孩子更独立

每一个生命都是一个独立的个体。年幼的孩子也将最终成长为一个强大且独立的生命走向自己的生活。蒙台梭利认为，父母在孩子的生命中扮演的角色应该是一个引路人，在孩子的生活中，引导孩子学会各项生活技能，逐渐变得独立、强大。

孩子的各种学习始于好奇，这种天性使得孩子对周围的世界总是充满探索的欲望。在生活中，我们时常可以看到幼儿期的孩子对一把椅子好奇不已，翻来覆去摆弄着，并学习使用它；看到一盆植物，孩子们也会忍不住观察它、触碰它，逐渐地接近并且试图了解它。在孩子进行着种种探索行为的时候，家长的引导责任尤为重要。

随着年龄的增长，妈妈发现孩子变得越来越好动，比如吃饭的时候喜欢抓过妈妈喂饭的勺子，然后自己学着妈妈的样子舀饭往嘴里送，但是因为自己的操作不熟练，饭粒经常没有送进嘴里而是倒在了衣服上和桌子上。喂饭的妈妈这个时候都会一边擦掉孩子倒出来的饭粒，一边拿走孩子手里的饭勺。而孩子在如此反复试了几次之后，依然不知道手里的东西叫作什么以及如何正确使用它。其实，这个时候父母不要因为孩子将食物弄得到处都是而责骂孩子，也不要拿走孩子手中的勺子。孩子正在自发地进行模仿和学习，给孩子一点儿耐心，经过几次的模仿和练习，孩子很快就会掌握勺子的使用方法。

一个孩子在玩耍的时候看到阳台上的植物长了一个小花苞。出于好奇他向含苞待放的它伸出了小手，但是他用力过猛，小花苞从枝头落到了他的手心里。妈妈看到后，对孩子发出了斥责的声音："怎么这么不小心？刚长出的花苞就被你给毁了！过来！不许再到那边玩！"说罢，就拉着孩子离开了阳台。

很多父母看到这种情况都会指责孩子，其实孩子并不是故意的。如果父母遇到这种情况，可以试着给孩子讲道理，告诉孩子要爱护花草树木；或者用孩子的思维告诉孩子，花苞被扯下来植物会疼，从而培养孩子的爱心。

其实在生活中，家长们在大多数情况下都像上述两种情况中的家长一样，在有意或者无意之中，要么在好心帮助之时剥夺了孩子原本可以获得生活技能的机会，要么粗暴打断孩子的学习。蒙台梭利认为，生活中的每一种工具、每一个地点其实都是孩子学习独立的"教师"。当孩子对一种东西产生兴趣时，家长要做的是及时引导和帮助孩子认识它并且学会使用它，同时还能够举一反三，对与之相关的物品都能够同时学会使用，这样才能逐步增强孩子的独立能力。比如孩子对勺子产生兴趣时，家长应该教孩子使用技巧，并且能够由勺子引申到碗、筷子等的使用方法，于是孩子由一个勺子开始，了解了独立进食的技巧，掌握了最基本也是最重要的生活技能；当孩子对一盆植物产生兴趣时，即使孩子失手伤害了家里的植物，家长也要注意不能用严厉直接的批评和阻止来教育孩子，这样容易导致孩子因为害怕而失去对事物的好奇心，对家长的教育和引导也会产生抵触等消极情绪，这对孩子独立性的培养是很不利的。在这个时候，家长更应该做好引路人的角色，帮助孩子认识和了解一种植物，教孩子如何照顾一个生命，为它们浇水、施肥，学会使用各种简单工具。

当然，在学习的过程中，家长要有耐心，给孩子充足的练习机会和时间，保证孩子能够掌握技能，学会独立。孩子毕竟年纪小，很多对于大人来说轻而易举的事情，孩子可能需要摸索很久，这个时候父母要有充足的耐心教导孩子，让孩子掌握技巧。

在如今的幼儿园或早教培训班中，按照蒙台梭利的教育理念，老师们会用一些专门根据孩子的使用能力设计的家具和日常生活中使用的工具来启发和引导孩子学习生活技能，例如小椅子、小桌子，这些东西往往轻巧美观，对孩子来说非常有吸引力。如果孩子看到小椅子弄脏了，就引导他用清水和抹布把它擦洗干净。在这个过程中，孩子也同时学会了擦桌子、擦自己的鞋子等，意识到“清洁”这个词语的含义。引申到生活中，孩子便对“做家务”“干净”等词语有了认识。渐渐地孩子就能掌握多种工具的使用技巧，独立性也会慢慢增强。

除了教会孩子生活中的独立技能，家长还要重视对孩子进行情绪上的引导。比如发现孩子因为打破花瓶而情绪低落时，有的家长会迫不及待地对孩子的情绪进行干预，这种干预有时候甚至会带有强迫性，比如指责孩子为什么又哭了、让孩子不许哭等。这种做法其实是很不合理的。蒙台梭利告诉我们，这个时候家长最好用沉默和安静来给孩子空间和时间，让孩子学会反思，从而能够“吃一堑长一智”。因为对孩子来说，能够认识到自己犯的错和感受到这种错误带来的后果——失去心爱之物的悲伤，就是最大、最有用的惩罚了，这比家长的指责更为深刻。

第四章　在生活中锻炼孩子的纪律性

孩子在成长的路上要自由也要有纪律

在蒙台梭利的思想中，纪律与自由有着密切关系。她认为纪律与自由是同一事物不可分割的两个方面，培养孩子的纪律性的过程中需要给孩子一定的自由，而自由又需要得到纪律性的约束。不过，一些家长并没有意识到这一点，他们在培养幼儿的纪律性的过程中走入了误区。

3岁的健健刚上幼儿园。他是一个活泼好动的小家伙，在家时就喜欢跑来跑去，动动这儿，摸摸那儿。

上幼儿园后，健健依旧如此。老师向健健的父母反映，健健在课堂上总是静不下来，喜欢动来动去，很难认真听课；吃饭时也不听话，常常一边吃饭一边与小朋友打闹；午休时还会跟其他小朋友说话，纪律性很差。父母决定培养健健的纪律性。

为了使健健有纪律性，父母给他增加了很多规定。比如吃饭、看电视时不许说话，看书时不能动，写作业时不能总是停下来。对此，健健很是苦恼，他感觉失去了自由。他变得闷闷不乐，而且总是希望能够突破父母的这些束缚。

上例中，为了培养健健的纪律性，父母限制了他的部分自由，给他增加了很多规定。这让健健感觉受到束缚，反而有了叛逆心理，这对他的成长不利。

在很多家长看来，自由与纪律是相对立的，培养孩子的纪律性就要压抑或限制他们的自由。这种看法是不科学的，持这种看法的家长认为培养孩子的纪律性会压抑他们的自由和天性，对他们的成长不利。

蒙台梭利认为，自由对孩子的发展来说至关重要。但自由并非让孩子随心所欲，而是要让孩子明白哪些事可以做、哪些事不可以做。因此，在自由的同时，孩子需要用纪律性约束自己。而纪律性是一种积极的状态，并不像一些家长想象中的强制性的、被迫的自由。一些家长为了使孩子有纪律性，便限制孩子的活动范围，并给他们灌输理念，直接规定他们哪些事不可以做，这并不是真正的纪律。

蒙台梭利倡导给孩子一定的自由，让孩子在自由的活动中理解纪律，进而理解相关规则和规定，能主动、甘愿接受这些规则并遵守，培养良好的纪律性。蒙台梭利曾在“儿童之家”中观察，她发现如果给孩子一定的自由，让孩子在理解规则的基础下做自己想做的事，并不会引起混乱，孩子能有秩序地取放物品。因此，家长不妨给孩子一个自由、安静的环境，让他们在此过程中逐渐注意自己的言行举止，慢慢养成遵守纪律的好习惯。

在平时的生活中，家长要勇于放手，允许孩子去做一些事，不要给他们过多的限制，要让他们的天性得到自然的表现。过多的限制会导致孩子感到压抑。家庭生活中，不要给孩子布置过多任务，要让他们有自由活动的时间和环境，让孩子处于安全、放松的环境，让孩子的自我得以发展。

与此同时，家长要在此基础上培养孩子的纪律性。家长要让孩子明白，自由并不意味着随心所欲，想做什么就做什么。自由需要受到抑制，这个抑制就是纪律。家长要告诉孩子，纪律并不是强制性地要求、限制他们的活动，而是为了使他们的效率更高，而且避免他们影响他人。纪律要让孩子容易理解，而不是灌输要求。

在适当的时候，家长要对孩子的活动进行干预。比如一些孩子在未征得他人的同意时便随意动他人的东西，家长应该制止孩子，并给孩子讲明道理，让他们明白不能随意动他人的东西；有的孩子喜欢站在凳子上或是拖着凳子跑来跑去，家长也应制止，同时告诉他们，之所以不能这样做，是由于这会影响或伤害他人，而且也会导致孩子自己处于危险当中。

在这种自由又有一定的限制的环境中，孩子逐渐成长，会注意到自己的言行举止。久而久之，他们就会养成遵守纪律的好习惯。而这种纪律性也会给他们动力，使他们有勇气克服困难，享有真正的自由。

在玩乐中培养孩子的纪律性

在蒙台梭利的教育思想中，纪律并不是静态的，它需要在动态中得到发展和强化。因此，蒙台梭利认为孩子的纪律性可以通过“工作”得到培养。

但日常生活中，很多家长对纪律的认识就是限制的、静态的，这种认识误区不利于培养孩子的纪律性。

琪琪是个6岁的男孩。与别的小朋友相比，他不是一个很听话的孩子，有时会违背父母的要求，这一点让父母有些苦恼。

为了培养琪琪养成纪律性，父母决定对他的活动设置限制。比如父母发现琪琪总是喜欢在吃饭时说话，他们便规定琪琪吃饭时不许说话；星期天，琪琪希望能到外面和小朋友一起玩，这也遭到了父母的拒绝，他们要求他在家里看书。这使得琪琪闷闷不乐，他觉得自己没有活动的时间和空间。

渐渐地，父母发现琪琪的纪律性并没有得到培养，反而比之前更加叛逆。父母说什么琪琪都听不进去，甚至不让他干什么，他偏干什么，与父母反着来。这让琪琪的父母既生气又失望，他们不知道自己应该怎样做才能培养琪琪的纪律性。

上例中，为了培养琪琪的自律性，父母限制了他的活动，强制规定他的活动时间和空间，导致琪琪不能做自己想做的事，反而更不听话，不仅不利于纪律性的培养，还导致亲子关系恶化。

生活中，很多家长都有与上例中琪琪父母类似的经历。为了培养孩子的纪律性，强制规定他们的活动，不让他们有自由活动的时间。之所以如此，是由于这些家长对纪律性的理解有误。在他们看来，遵守纪律就是让孩子知道哪些事不能做，让他们安静地待着。他们认为如果让孩子自由活动，会导致秩序受到破坏，让孩子不遵守纪律。

其实，这种看法是错误的。蒙台梭利一直强调，纪律是动态的，而不是让孩子一动不动地待着。蒙台梭利认为，孩子的纪律性必须通过他们的工作、活动得以实现。在蒙台梭利的教育思想中，儿童具有一定的生命潜力，这种潜力可以通过自由活动来表现。幼儿在“工作”中能够塑造自我，逐步成长。这种“工作”是指那些能够让孩子手脑结合、锻炼他们的操作能力的活动。这种活动需要家长为孩子提供有准备的环境，使孩子乐在其中，并满足他们在自由、自主方面的发展需求。

蒙台梭利曾说过，真正纪律的第一道曙光是从工作中放射出来的。在一个特定的时刻，人们会发现，孩子对一项工作产生了强烈的兴趣，此时的他们注意力高度集中，对于工作表现得坚韧不拔。这时，儿童就已经踏上了通向纪律的道路。她认为工作之所以能培养孩子的纪律性，主要是由于孩子在工作中能够提升自己的协调能力，独立性也得到培养，意志力也增强了。

因此，家长不妨放手，让孩子进行自己的“工作”。当然，这种“工作”不能是强加于孩子的，应是孩子乐于去做的，与他们成长的脚步一致才行。可以以此作为切入点培养孩子的纪律性，让他们懂得遵守纪律。

家长要允许孩子去进行自己喜欢的活动，不过也要向他们强调规则。比如当孩子与其他小朋友一起活动时，有的孩子会大声交谈。这时，父母就要出面告诉孩子，活动中可以说话，不过要尽量小声，以免影响其他人。在活动结束后，可以对每个孩子遵守规则的状况做出评价。这样做既让孩子完成了喜欢的活动，又向他们强化了规则的概念，让他们在游戏中理解了纪律，逐渐培养起纪律意识。

父母应为孩子创造一种有准备的环境，让孩子有时间和空间进行自己喜欢的活动。在孩子进行“工作”时，父母尽量不要干扰，更不能包办，要让孩子亲力亲为，亲手操作，在此过程中感受、理解纪律。家长的作用只是引导他们，强化纪律的概念。在孩子工作的过程中，家长要认真观察，总结他们在纪律方面的表现，指出他们的不足，使他们逐渐改善，养成遵守纪律的好习惯。

纪律离不开秩序感的建立

在蒙台梭利的教育思想中，多次提及秩序性，可见蒙台梭利对秩序的重视。蒙台梭利认为，在培养孩子纪律性的过程中，同样要重视秩序性。秩序感的养成是遵守纪律的基础。

妞妞是个4岁的小姑娘。她是家中的独生女，家人都非常宠爱她，很多事都由着她，很少去约束她，即使有时她做得不够好，父母也不忍心说她。渐渐地，妞妞养成了一些不好的习惯。比如总是把玩具和衣服到处扔，不懂得收拾；在幼儿园里的表现跟在家里一样，上课时也常常大声说笑，动来动去。

有一天，妈妈带妞妞到图书馆去。很多人都在安静地看书，只有妞妞在不断地同妈妈说话，问妈妈问题。虽然妈妈已经向她强调过，图书馆里不能大声说话，但妞妞并没有意识到要遵守这些秩序。这让妈妈意识到了妞妞秩序性的缺乏。她决定培养妞妞的秩序性。

从那以后，妈妈开始向妞妞传达秩序性的概念和重要性。日常生活中，妈妈总是督促妞妞注意秩序，比如玩过玩具后要收拾好，这样家里看起来更整洁；买电影票时妈妈也会告诉妞妞，要排队，这是秩序，否则就会混乱。

渐渐地，妞妞开始有了遵守纪律的意识。不管到哪里，她都会先问妈妈，自己需要遵守哪些纪律和规定。她的习惯也得到了很大的改善，她变成了一个有秩序性的孩子。

上例中，为了培养妞妞的纪律性，妈妈向她说明了什么是秩序以及遵守秩序的作用和重要性，让妞妞逐渐懂得了遵守纪律。

一些家长感觉培养孩子的纪律有些困难，因为孩子心智不成熟，很难理解什么是纪律性。对此，蒙台梭利建议，家长可以从培养孩子的秩序性入手。秩序，就是创造有条理、整洁、不紊乱的环境。在蒙台梭利的教育思想中，很多方面都体现出秩序性，比如教材的秩序性、教学方法的秩序性，以及室内教具摆放的秩序性。

秩序性是纪律性的基础。一些父母比较娇惯孩子，没有培养起他们的秩序性。孩子进入幼儿园后，这些不足之处就体现出来。比如有的孩子一切以自己为中心，不会顾及他人，插队、上课讲话、打断别人说话等行为时有发生。这就需要家长向他们强调秩序的存在和重要性，培养他们的纪律性，使他们对集体和纪律有意识。

秩序性并不是天生的，孩子的秩序感要靠后天培养。家长要让孩子知道，世间所有的事物都在遵守着自己的秩序，自然有自然的秩序，社会有社会的秩序。只有每个人都遵守自己应该遵守的秩序，社会才能正常运转，人们的生活才能正常进行。家长可以让孩子试想，如果父母不收拾房间，不打扫卫生，家中会变成怎样。明白了不讲秩序带来的混乱，孩子自然会懂得秩序性的重要，自己才会去遵守秩序，从而培养纪律性。

家长要经常带孩子观察各种与秩序性有关的事物，让他们明白秩序性的重要。除了家庭生活，家长还可以带孩子出去，让他们观察更多与秩序有关的事物。比如让孩子观察电影院前排队买票入场的场景，让孩子知道排队就是一种秩序，如果不遵守，就会引起混乱；带孩子到图书馆时，让孩子观察人们安静看书的情景，告诉孩子，安静、不打扰别人是在图书馆里必须遵守的秩序，只有这样，图书馆才能满足人们学习、阅读的需求。

家长要为孩子创造一个有序、整洁的家庭环境。环境对孩子的影响不可忽视。试想，如果家庭环境无序、混乱，物品杂乱摆放、生活不规律的父母，如何培养起孩子的秩序性？因此，父母要重视言传身教，为孩子营造一个有序的生活环境，尽量让家中井然有序，生活尽量规律，让孩子也养成良好的习惯。当然，为了让孩子更直观地看到不遵守秩序的后果，可以故意把家中的物品摆放得杂乱，让孩子感受到不便，明白遵守秩序的重要性。

对不守纪律的孩子要给予一定的惩罚

在培养孩子的纪律性的过程中，适度的惩罚是很有必要的。蒙台梭利也曾强调监督孩子的重要性。对孩子进行适度的惩罚，可以让他们意识到自己的错误，印象更深刻，明白自己该做什么、不该做什么。不过，生活中的一些家长在培养孩子的纪律性时，对于惩罚这种方法的理解和执行存在一些误区，甚至因此影响到了孩子的成长。

5岁的天天是一个淘气的男孩。他从小就活泼好动，很难安静下来。进入幼儿园后，这种好动性表现得更明显了。不管是吃饭还是上课，天天经常不遵守纪律，总是与他人讲话，排队上厕所时还经常插队。老师经常向他的父母反映天天不遵守纪律的行为。

爸爸决定严格训练天天，让他明白纪律的重要性，成长为遵守纪律的孩子。为此，爸爸制定了一套惩罚制度。他针对天天的各种行为做出了惩罚规定，比如，如果天天吃饭时说话，就惩罚他抄写一页古诗；如果天天在做作业的过程中乱动，爸爸就会严厉地批评他一顿。总之，一旦天天有不听话的情况发生，爸爸就会严厉地惩罚他。

在这种惩罚制度下，天天的情况似乎有好转，他上课时不说话了，吃饭时也不再与小朋友打闹。但是，渐渐地，爸爸发现天天似乎变得不如以前活泼了，在爸爸的严厉惩罚下，他变得不敢说话，以为说话就会受罚。

上例中，为了使天天学会遵守纪律，一旦天天不听话，爸爸就会严厉地惩罚他。这导致天天以为自己一说话就会受罚，变得不敢表达、内向怯懦。

生活中，很多家长都与上例中的天天父亲一样，对孩子过于严厉，孩子做得不够好时就严厉地斥责甚至体罚，却不向孩子讲明为什么不能这样做的道理。这样做虽然可能会使孩子变得听话、不再违反纪律，但同时也可能导致孩子变得胆小、怯懦，不明白自己该做什么、不该做什么，也不明白纪律的含义和重要性。这对他们的成长是不利的。如果惩罚力度过轻，又难以让孩子意识到自己的错误和遵守纪律的重要性，孩子的纪律性同样得不到提高。

对此，家长需要明白，适度的惩罚才能让孩子学会遵守纪律、健康成长。蒙台梭利认为，在孩子的成长过程中，尤其是在他们的习惯养成过程中，家长必须严格监督孩子。这是孩子养成遵守纪律的习惯的保障。家长要让孩子明白，规则一旦确立，只要它是合理的、正确的，每个人都应遵守。对于孩子的违规行为，家长不仅要重视，还要有相应的惩罚。比如用眼神提醒孩子、制止孩子、表现出自己的失望等。这些行为都会使孩子意识到，自己做错了，让父母失望了，从而明白遵守纪律的重要性。

除此之外，家长也可以采用其他惩罚手段。比如，当孩子插队时，家长就应指出孩子的错误，并告诉孩子排队的重要性，同时取消孩子这一天的零花钱，或是罚他做些家务；如果孩子在公共场合大声喧哗甚至影响到他人，家长在指出他们的错误后，可以罚他们一小时不许说话等。这样的方式不仅有助于孩子记住自己所犯的错误，也比较适度，不会给孩子留下后遗症，影响他们的成长。

家长要注意，惩罚力度一定要适中，不能像上例中天天的爸爸一样，惩罚过重，导致孩子不敢再说话。惩罚手段要视孩子的个人情况而定，如果孩子本就比较胆小，就一定不能采取过于严厉的惩罚方式，那会导致孩子更加怯懦。惩罚内容最好与孩子的错误有关，这样能让孩子留下更深刻的印象。同时家长也要注意，惩罚只是手段而非目的，更为重要的是让孩子明白自己错在哪里，要向孩子讲明不遵守纪律的后果，而非简单地施以惩戒，避免孩子像上例中的天天一样，认为只要自己说话就是犯错，因而变得不敢表达。当然，惩罚力度也不能太轻，那对孩子来说没有效果，甚至会变成一种纵容，不利于让孩子意识到纪律的存在和遵守纪律的重要性，难以培养他们养成遵守纪律的好习惯。

孩子纪律性的培养要因人而异

纪律性，需要孩子有一定的服从能力。蒙台梭利认为，孩子的服从是不断发展的，如果能结合服从的发展阶段，有针对性地训练孩子的纪律性，效果会更好。

小凡今年4岁，是一个淘气的男孩。刚刚进入幼儿园学习的他就已经给父母带来麻烦，老师总是向他的父母反映小凡的问题。

原来，小凡个性活泼好动，而且不喜欢别人来管自己。在幼儿园里，他经常不按老师的话做事。比如，当大家都在学习唱歌时，他非要去玩玩具；当大家都在午休时，他又想唱歌；中午排队打饭时，小凡总是插队，老师批评他，他也不听。这让老师很无奈。

父母决定训练小凡的纪律性，让他懂得听话。妈妈先是严厉地批评了小凡，接着便要求他不管什么事都要听父母和老师的话。对于小凡的很多要求，妈妈都直接拒绝，要求小凡无条件听话。比如，妈妈给小凡规定了读书时间，小凡却想去玩，想把读书时间改为晚上。妈妈一听便拒绝了，要求小凡在规定的时间读书。

妈妈的做法并没有什么效果，小凡依旧不听话。他感觉妈妈什么事都在跟自己作对，依旧想做什么就做什么，在幼儿园依旧不遵守纪律。妈妈不知道怎样才能让小凡听自己的话。

上例中，发现小凡不遵守纪律、不听话后，妈妈采取直接、简单的方式，命令小凡对自己无条件服从。结果适得其反，小凡更加抗拒。

很多家长对于守纪律的理解都是如此，他们认为遵守纪律就是无条件服从。因此，很多家长都像上例中小凡的妈妈一样，采取直接、简单的方式，要求孩子什么都要听自己的，要做到无条件服从大人的命令。他们认为，这样做就能强制性地让孩子守纪律。然而，结果往往不尽如人意，孩子要么变得怯懦、没主见，要么更加叛逆、不听话。

对此，蒙台梭利指出，孩子的服从并没有那么简单，服从并不意味着让孩子简单地听从父母的命令。经过多年的观察和研究，蒙台梭利提出，孩子的服从要经过三个阶段的发展：

第一个阶段，幼儿有些反复无常，有时听话，有时不听话。这个阶段的孩子其实已经产生了明确的自我意识，对符合他们愿望的要求，他们就会选择服从，否则他们就会拒绝。这个阶段的孩子还未定性，知识掌握不多，可塑性大。要想培养孩子的纪律性，更多要靠强制性命令，让他们主动服从是不太可能的。比如，当发现孩子玩些可能对他们造成危险的物品时，给他们讲道理、说明原因并没有什么用，因为孩子理解不了。最有效的方式就是强制性的命令。对孩子的要求要视他们的成长和能力而定，不能提过高的要求。

第二个阶段，孩子已经能够做出一些服从的行为。他们对事物有了更多的了解，理解能力也增强了，控制自己的能力也得到了提高。这时的他们不但能够听从自己的意志，还能服从他人的意志，甚至可以说他们随时可以服从命令。孩子能够明白他人的意图，还经常无条件服从他人的命令，在很多家长看来，这已经是最理想的状况，他们认为这时的孩子最听话、最守纪律。然而，其实这样的服从对孩子来说有利有弊，可能会导致他们没有主见和个性，未来的发展受阻。因此，对于这个阶段的孩子，即使他们非常听话，家长也要注意，不要企图完全掌控孩子，要尽量使自己的要求符合孩子的个性，激发他们个人的特质，使他们在服从的前提下寻找独特的自我。

第三个阶段，孩子主动性更强，各种能力也得到发展，臻于成熟。他们的自我意识越来越强，对于能提高他们的能力的命令更容易服从。比如，有的孩子发现别人折的飞机比自己折得好，不用父母要求，就希望能再折一次。可以说，这个阶段的孩子，服从意识和服从能力都发展到较高水平。这时的孩子容易冲动、好动，家长可以利用“肃静游戏”，让他们安静下来，加强他们对自己行为和冲动的控制能力，提高他们的意志力，增强服从意识。

第五章 户外教育，让孩子学会亲近大自然

培养孩子的好奇心，陪孩子走进大自然

大自然是一位神奇又伟大的发明家，它给予地球上所有生物生存的空间，也赋予它们生存的智慧。大自然是人类赖以生存的家园，作为“一家之主”的人类，自然要对这个“家中”的花草树木都有所了解。

关于自然的知识，也是每个孩子必须学习的内容。对于0到6岁的孩子而言，家长更多地需要培养孩子了解自然、探索自然的兴趣和精神，让孩子能够对自然有更为宏观的认知，培养孩子与大自然之间的感情，为孩子今后能够深入地学习自然科学知识打下良好的基础。

蒙台梭利曾经做过这样一个实验：在“儿童之家”，她带给几个孩子一个地球仪，这个新奇的东西立刻引起了孩子们的兴趣。但是蒙台梭利并没有指着地球仪告诉孩子们“蓝色的是海洋，绿色的是植被，黄色的是大陆”，而是在一旁静静地观察着他们。几个孩子非常兴奋，立刻挤在地球仪旁七嘴八舌地说起来了。一个稍大些的孩子指着地球仪说：

“我知道，这里是一大片海洋，左右是两片大陆。”另一个孩子接过话说：“我知道这个地方是伦敦，那里是大西洋。”正当他们兴致勃勃地谈论时，一个小男孩挤了过来，怯生生地问：“纽约在哪里啊？”立刻有个孩子给他指了出来。他又问：“荷兰在哪里啊？”又有一个孩子指给了他。他特别开心地说：“我爸爸经常去世界各地，有时我妈妈会告诉我爸爸现在在海上，过了几天，妈妈又会说爸爸现在在纽约。有次爸爸打电话说他在荷兰，我和妈妈就坐船去看他了。”

孩子们将自己在生活中所听过的、看过的关于地理的知识在这个时候全都运用出来，他们相互交换着自己所知道的关于自然的所有知识。对从别人那里听到的陌生的地名和风景，孩子们会显得十分好奇和神往，这种好奇心会演变成一种求知欲，寄托了孩子渴望了解自然和探索自然的心情。

孩子的天性是好奇，这种好奇是孩子对大自然进行探索的主要动力。而孩子们需要的是合适的环境来释放自己的好奇心。家长的责任是给孩子提供合适的学习环境，然后启发和引导孩子积极思考、勇于探索。在这里我们有几点建议提供给各位家长：

向孩子展示丰富多彩的大自然，让大自然的神奇魅力激发孩子的学习兴趣。美丽的植物、可爱的动物、神奇的自然现象等，对孩子来说都具有非常大的吸引力。家长可以多带孩子去植物园、动物园参观，或者在夜晚和孩子一起观察星星，让孩子近距离感受大自然的美丽，沐浴在自然之中。这就如同交朋友，常来常往，自然会变得熟悉起来。

利用书本、影像资料等，带孩子了解不一样的大自然。孩子或许会对周围环境太过熟悉以至于视而不见，或者没有太大的兴趣，这时候家长可以带孩子进一步了解自然，给孩子展示与平时所见不一样的自然。书本和电视等工具就可以帮助孩子了解更多。比如带孩子观看一些有关星球的纪录片，看一些关于极光、溶洞、各种特殊的自然现象的摄影、摄像作品，激发孩子的学习兴趣。

引导孩子学会思考，让孩子勇于探索。观察各种现象的目的在于带孩子了解更多关于自然的知识，而能够提出正确和有价值的问题，是学习知识的重要途径。好奇的孩子经常如同“十万个为什么”一般，再加上他们无穷无尽的想象力，提问也就成了非常重要的学习途径。家长要引导孩子学会观察，然后能够提出问题，最后自己动手找到问题的答案，这对孩子今后的学习和成长是非常重要的。

了解和探索自然有助于孩子增长知识、拓宽视野，同时还能培养孩子勤学好问的习惯，对强健孩子的体魄、锻炼孩子的意志也具有重要作用。因此家长要注重培养孩子了解自然、探索自然的能力，让孩子在自然环境中更加健康地成长。

在大自然中对孩子进行生命教育

大自然如同一位慈爱宽容的母亲，接纳了不计其数、形形色色的生命。人类自然也是其中一种。人与自然环境中的生物能够和谐相处，对人类的生存和发展具有非常重要的意义。蒙台梭利将自然教育纳入其教育体系中，也是为了培养孩子与自然的和谐相处的能力。

要想培养孩子的这种能力，首先要教孩子学会尊重自然中的生命，学会善待生命。在生活中我们时常可以发现，孩子们对周围环境中的生物总是怀着强烈的好奇心。比如看到花园里的花开了，孩子忍不住想要前去触摸，当然，他们的这种触摸行为往往会对植物造成一定的破坏。刚长出的花苞一转眼就已经在地上了；新修剪的草坪被踩得不成样子了；刚看到一只漂亮的蝴蝶，想要捉住它“交朋友”，却发现在自己手里的蝴蝶已经再也飞不起来了。这样的事情在孩子的世界时有发生。

在成人眼里，孩子不懂得爱护动植物，喜欢搞破坏，他们表现得太过淘气，于是家长禁止孩子触碰家里的花草，或者怕孩子打破鱼缸而不让孩子靠近。但其实很多时候孩子只是因为对周围与自己不一样的生物感到好奇，想要跟它们近距离地接触，渴望进一步地了解它们。但是由于孩子不了解另一种生物的特点，还没有要善待它们的意识，所以一出手就会造成破坏，甚至对其他生命进行侵犯。针对这种情况，如果家长不施以正确的教育，就会让孩子意识不到对生命的尊重和善待是多么重要，随着年龄的增长，这种破坏行为就有可能会从最初的无意识变成后来的有意为之。

在生活中人们也不乏听闻有的孩子对小动物进行虐待的事实，出现这种情况有两方面的原因：一方面是孩子的情绪没有得到正确的处置，所以会借助这样的行为来发泄情绪；另一方面是这些行为的背后都是对生命的冷漠，都是不懂得尊重生命和善待生命。因此家长要对孩子及时进行教育，让善待生命的种子早日在孩子心中生根发芽，让孩子用一颗仁爱、善良的心来对待自然中的每一个生命。

有位家长发现孩子有段时间总是喜欢蹲在花盆前观察着什么。最初他以为孩子是对花盆里的植物感兴趣，于是他特意嘱咐了孩子不要伸手折花枝。但是经过观察，他发现孩子的兴趣并不在植物上，而是花盆底下正在搬运食物的蚂蚁。孩子兴致勃勃地观察了好一会儿之后，突然开始试着将手伸向一只正在运送食物的蚂蚁。失去了食物的蚂蚁有些惊慌失措，它在原地打转的样子让孩子觉得很有趣，于是开始大胆地伸手拨弄它。脆弱渺小的蚂蚁哪里经得起这样的蹂躏？很快就有了受伤的迹象。而孩子反而被逗得咯咯笑，他还没有意识到自己的行为给蚂蚁带来了多大的伤害。

家长发现后，先是制止了孩子的这种行为，其次他给孩子讲解了蚂蚁搬运食物的过程，以及它们怎样依靠气味来辨别方向和回家的路，又带着孩子观察蚂蚁分解食物时耗费的时间和力气。最后家长告诉孩子："蚂蚁想要吃饭可是非常不容易的，它们那么弱小，你说，是不是不应该欺负它们啊？"孩子重重地点头，不再破坏蚂蚁的工作，反而找出家里的面包揉成碎屑来帮助蚂蚁。

蒙台梭利主张应该让孩子多和自然接触，让大自然对孩子进行教育，让孩子感受每种生物生存的方式，理解生命的存活需要付出的努力，教育孩子学会尊重每个生命，以及尊重它们的劳动成果，让孩子在观察和体验中学会明白生存的不易，从而学会善待生命。

孩子的世界总是充满想象力和乐趣的，而大自然中充满种种神奇的事物。成人在引导孩子接触自然时，也要学会用充满想象力的语言和方式来教育孩子。蒙台梭利提醒家长用孩子的逻辑来和孩子对话，所以在教育方式上家长要避免枯燥的说教。蒙台梭利为家长们提供了以下建议：

多和孩子观察自然中的生命现象，教孩子理解生命生存的方式。

如果有条件，最好让孩子能够亲自照顾一种植物或者小动物，让孩子在这个过程中树立责任意识。

帮助孩子培养对生命的耐心。不管是观察还是亲自照顾动植物，都需要一定的时间，在这个过程中，孩子需要耐心地等待和付出，感受生命变化的过程，也能体会到自然的神奇，帮助孩子学会善待每一个生命。

爱护环境，更要爱护大自然

蒙台梭利认为，即使孩子身处大自然中，也应该让孩子遵守人类社会的基本文明准则，比如不乱攀折树木、不乱刻乱画、不乱扔垃圾等。简言之，就是教孩子学会爱护环境，并且能将这种爱护从自然环境延伸到生活中的建筑、物品等。蒙台梭利将“能够文明地对待环境”称之为“文明教育的真正的一部分”。

有一位勤劳的妈妈总是将家中打扫得一尘不染，她也总是用近乎苛刻的要求来约束孩子在家中保持干净整洁。于是家中还没上幼儿园的孩子也知道垃圾要扔到垃圾桶中。这位妈妈离开家后却不是这样，总是随手将垃圾扔到路旁，不会管这些垃圾会不会对环境造成污染。孩子一开始在妈妈的严格约束下很懂得保护环境，但看到妈妈在外面的行为后，有了一些困惑。有几次孩子也在外面把垃圾扔在地上，发现妈妈和其他人都没有反对，便大胆地在外面扔垃圾。没过多久，妈妈终于发现，当孩子身处室外时，他似乎就意识不到对周围环境的爱护。在公园里散步的时候，吃过的零食袋子随手一扔；看到花园里的花朵，他马上爬在花园外的小护栏上伸手去摘；公园的雕塑上有很多游人的“手迹”，模仿力超强的孩子就在地上寻找小石子，在雕塑上练习起自己刚刚学会的“1、2、3”来。这让妈妈感到十分头疼，孩子根本没有意识到爱护环境的重要性和具体内涵。

孩子在家中可以做到爱护家庭环境，但是置身自然中时，孩子便会忘掉这一原则。这是因为孩子还没有对环境这一概念形成统一的认知。在家中他只是模仿着大人的行为做到了爱护环境，但是这种爱护没有得到正确的延伸，或者说，孩子脑海中的环境概念太过于狭隘。因此家长需要让孩子多接触自然环境，感受环境的美好和自然中每种环境或者事物形成的过程，教孩子理解任何一种美好的事物都来之不易，然后孩子才能学会感同身受，学会爱护环境。

蒙台梭利曾经带领着她所创立的“儿童之家”的孩子们一起动手参与陶艺制作。孩子们都将自己亲自制作出来的产品十分珍惜。这次手工之后，孩子们都发生了这样的变化：在使用陶罐或者水杯等物品时，都变得小心翼翼的，如果失手打碎的话，孩子会显得十分难过，并且在生活中会格外注意不再犯这样的错误。在这个过程中，没有老师或者家长来教他们应该怎样做，而是他们在自己动手制作陶艺作品的时候感受到一个陶罐的生产过程的辛苦，在这种辛苦中孩子学会了珍惜和爱护，并将这种爱护延伸成对生活中每种物品的爱护，将小爱变成大爱，孩子逐渐就有了爱护环境的意识。

自然是一位神奇的魔术师，也是一位博学有趣的老师。让孩子在自然的教育中学习如何爱护环境，往往会取得意想不到的效果。蒙台梭利为家长提供了以下几点建议：

多让孩子接触自然，让大自然的美好教孩子学会珍惜美好的事物。“人之初，性本善”，对美好的事物每个人都会发自内心地欣赏和爱护，大自然的花红柳绿和阳光雨露使孩子感受生命和环境的美好，在这种美好的熏陶下孩子将学会欣赏、学会爱护和珍惜。

让孩子多了解自然发展的历史，在历史的变迁中教孩子学会现在人类所拥有的美好环境的来之不易。家长无法给孩子展示大自然的全貌，因此需要借助书本以及影视作品的力量，为孩子展示地球上各种环境的形成过程，让孩子感受大自然的神奇，同时也能意识到环境具有脆弱性，一旦破坏很难恢复到原状，因此作为一个公民，每个人都需要树立爱护环境的责任意识。

家长要给孩子树立榜样，爱护环境从自身做起。对孩子的教育，要做到言传与身教并重。用自己的行动对孩子进行影响和教育，其产生的力量要比耳提面命深刻得多。因此家长首先要注重爱护环境，让孩子在耳濡目染中培养爱护环境的意识。

给孩子一些认识植物和农作物的机会

蒙台梭利认为，最能培养一个人对大自然的感情的方法是培育植物。因为孩子能从培育植物中获得高额的回报和巨大的收获。植物将阳光雨露和泥土中的养分变成清新的空气、美丽的花朵和丰硕的果实。从生物的角度来说，植物在其成长过程中，对大自然的回馈要远比它们从自然中索取的东西多得多。而孩子们看着自己亲手培育和辛劳付出的植物突然开出一朵美丽的花或者结出一个香甜的果实，孩子所收获的快乐和满足是无法估量的。而在付出的过程的，孩子也会从自然中获得更多的知识。

让孩子了解农业是沿着人类发展的道路前进的。农业是人类在漫长的发展历史上智慧和汗水的结晶。通过农业，人类从原始状态开始走进文明。孩子的发展必须与人类发展的道路保持一致，因此孩子们也必须对这一伟大的事业有所了解。

一所学校里的花园经常遭到孩子们的“光顾”，刚刚长出的花苞会被孩子们剪掉，插在花瓶里。看到怒放的花朵，孩子们却将花瓣撕扯得不成样子。学校屡禁不止，栅栏也挡不住孩子们好奇的小手。后来有一位班主任给孩子们布置了这样一个作业：给每个孩子发一粒植物种子，回家种在花盆里，然后观察植物的生长过程，并且坚持写植物的成长日记。

好奇的孩子们立刻开始执行这个有趣的任务，从种植、培土到浇水等，各个环节亲力亲为。

“妈妈说，我的花盆里的土太多太硬了，就好像给植物盖被子盖得太厚，它会透不过气。”

“原来每天浇水的次数不用太多，种子喝不完的水会让它们生病的。”

“今天它又长了一片叶子，再过一个月它就可以长大了。”

“照顾一株植物真的需要很用心，虽然很累，但是看着它长大，每天都很开心。”

孩子们的植物成长日记记录着植物每天的成长状态，从中也可以看出孩子们的用心。在伴随着植物成长的同时，孩子的观察越来越细致。在参与植物成长的过程中，孩子获得了关于植物的知识，也看到了生物成长的过程。在自己的辛劳付出中，孩子会更加理解生命的意义，对大自然和生活的感情也会随之加深。

生长在乡村的孩子对农业的了解要比城市中的孩子多一些。当然我们所说的农业教育并非要孩子对所有农业生产过程都能够亲自动手参与，而是对孩子普及一些农业常识，比如教孩子辨认不同的农作物，了解它们的生长时节和特点。同时在条件允许的范围内，让孩子能够多参与农业活动，在与大自然的互动中培养孩子对大自然的感情。

现在很多大城市的郊区经常会有一些农场、牧场，在很多景区也会有生态园区，这为生活在城市中的孩子提供了走进农业生活的机会。家长可以利用节假日带着孩子到农业生态园区多参观，在收获季节也可以带着孩子参与果实采摘，体验收获的感觉。让孩子理解农业产品和现成的工业产品之间的差异，让孩子在自然中学会劳动，亲自体验劳动创造幸福的感受。让孩子在大自然中明白劳动的意义，理解人必须通过劳动才能换来收获的道理。

用自然教育助孩子扔掉电子设备

在现代社会的家庭里，电子设备可谓是老少皆宜。尤其是近年来，随着电子信息技术的发展，电子产品层出不穷，其使用者和依赖者越来越呈现低龄化的趋势。对现在的孩子来说，电视早已不是那么博人眼球的新鲜物品，普通的游戏机更是不得孩子欢心。笔记本、手机、平板电脑以及各种新兴的可穿戴电子设备，才更能满足孩子们娱乐的需求。但是任何事物都有两面性，电子设备在为孩子们提供各种游戏的同时，对孩子的视力、体能以及学业等各方面也产生了许多的负面影响。有的孩子甚至还形成了电子依赖症，沉迷于网络之中，身心发展都受到了严重的影响。在一些青少年犯罪的案例中，不少人就是由于长期沉迷于网络，在暴力、色情等众多不良信息的影响下进而走上犯罪道路。

孩子之所以会对电子设备产生严重依赖，一是由于电子设备本身的巨大吸引力。比如电子游戏，它的趣味性、挑战性都非一般的娱乐活动可比，再加上种类繁多，适宜各类人，下至周岁的孩子，上至年过不惑的成年人，都有可能会为电子游戏“折腰”。二是现代社会中孩子们的娱乐方式变得单调，孩子们的活动空间非常有限，这是由他们所生活的环境所决定的。再加上学习压力大，小小年纪便进入学校，节假日可能还要在各种辅导班、特长班之间穿梭，因此缺乏娱乐的孩子们在电子设备中可以得到放松。三是信息化社会的大势所趋。电子产品前所未有地普及，成为家庭必备品，父母每天都离不开电脑、手机，耳濡目染，孩子也会对电子设备产生很大的兴趣，使用起来便是自然而然了。

一个刚刚三岁的孩子在走进幼儿园后表现得很焦躁，在玩玩具的时候明显兴趣不大，他最开心的是和班里小朋友一起看电视的时候，但是很快就会由于节目不对胃口又显得兴趣索然了。回到家里，孩子第一件事就是拿起妈妈的手机，玩里面的各种小游戏。别看他年纪不大，却已经是有一年半“网龄”的“高级玩家”了，那些小游戏能够难得倒他的还真是不多，不少游戏都已经被他玩通关了。他对各种游戏都很感兴趣，常常拿着手机玩几个小时都不休息。妈妈用手机的时候，他又跑到电脑上接着玩。

妈妈本不把孩子玩游戏当一回事，但是看着孩子对游戏的依赖越来越严重，她常常为在键盘上拨弄不停的孩子担心。

蒙台梭利说过，只要给孩子合适的学习环境，那么成人和老师就什么都不用做，孩子会自然而然地学会要学的一切。因为孩子缺乏合适的娱乐环境和正确的娱乐活动，孩子就会对电子设备爱不释手。为了帮助孩子摆脱电子依赖，家长要让孩子多接触大自然，让孩子在自然环境中释放活力，在健康、开阔的环境中玩耍，告别对电子娱乐的依赖。在这里我们为家长们提供几点建议：

多带孩子到户外运动，避免让孩子感觉困在家里太过无聊。活泼好动的孩子们自然不喜欢长期“宅”在家里，因此家长需要多带孩子在户外运动，呼吸新鲜空气，让孩子多接触大自然，在适宜的环境中释放孩子的天性，分散孩子的注意力，这样孩子就不会将所有注意力都放在电子游戏上了。

家长为孩子做榜样，不要太过沉迷于电子设备。家长如果在孩子面前总是低头玩手机，而不是经常陪伴孩子玩耍，和孩子互动沟通，出于好奇和爱玩的天性，孤单的孩子也会学着成人的样子，将注意力放在电子设备上。所以建议家长们在家中可以将自己的手机放在一边，多和孩子做互动，不要让孩子感到孤单。

利用电子设备娱乐放松本身没有错，但是要有度。电子设备也可以帮助孩子学习更多的知识，放松身心，一些益智游戏有开发孩子智力的作用，因此让孩子适当接触也是有好处的。为了避免孩子对其产生过度依赖，家长可以和孩子“约法三章”，比如玩半个小时游戏，然后和家长一起去做运动，在放松身心的同时也能够锻炼身体，丰富孩子的课余生活。不要让电子设备成为孩子生活的唯一的伙伴。

中　篇

6～8岁是孩子好习惯养成的关键期

第一章　良好的性格需要父母的引导和教育

父母性格好，孩子也会形成好性格

撒切尔夫人是英国的第一位女性首相，她连任三届内阁首相，在她的带领下，英国在经济、外交、军事等领域都取得了成就，她也因此成为20世纪著名的政治家。就是这样一位杰出的领袖，有谁能想得到她是地地道道的平民出身，所有的成就都来自于自己的奋斗努力呢？

她之所以能取得成功，和她那坚忍不拔、果断刚强的性格以及敏锐的政治洞察力有着密不可分的关系。这样一位让诸多男性政治家都深为钦佩的奇女子，性格是天生如此吗？并不是这样的。她深受父亲罗伯茨先生的影响，他们父女俩在性格、气质等方面都很相像。不仅如此，在她小的时候，她的父亲就发现了二人的相似之处，并有针对性地对她的性格进行培养。

撒切尔夫人的祖父是一个普通的修鞋匠，靠着手艺辛苦养活着一大家子人。因为家庭条件所限，她的父亲罗伯茨先生受的教育也不多，但他头脑灵活、性格刚毅且吃苦耐劳，凭着自己的打拼赚了一些钱，在家乡开了一间杂货铺。在他的悉心经营下，生意慢慢做大，他成为当地知名的商人。罗伯茨先生为人称道的是他的热心和正义感，他对政治一直颇有兴趣，经常参加当地的政治活动。在不懈的努力下，他在不惑之年终于当上市长，一时传为美谈。

在撒切尔夫人小的时候，罗伯茨先生的杂货铺才开业没有几年，尚处在艰苦经营的阶段，在那时他就发现女儿和自己的性格有相似之处。为了将女儿培养成优秀的人才，他有意对其进行磨炼，她除了必须博览群书外，还要在严格的家规下做事，如六岁就开始尝试做家务劳动，十岁时放学后就帮杂货铺卖东西。当其他同龄孩子在玩耍时，她却要和父亲一起进行劳动。小时候的她语言表达能力并不出众，但在父亲的鼓励下，她大胆当众讲话，表达自己的思想，积极参与每一次的学生辩论和演讲活动。在受到同学的嘲笑和打击时，她从小养成的坚韧性格让她能不为所动，继续努力。终于，到了大学时，她已经成为学校中的积极分子了。

可见，撒切尔夫人的成功并非偶然，她不但和父亲罗伯茨先生的性格很相似，还在父亲的帮助下，将自己的性格优势发挥得淋漓尽致，为她日后的成功奠定了坚实的基础。心理学家也曾做过这方面的研究，发现在家庭中，父母的性格对孩子性格的形成有着非常大的影响。不善言谈的父母，其孩子在语言方面往往也不很擅长；性格开朗的父母，其孩子也甚少出现忧郁、内向等性格。因此，在生活中，父母不但要了解，还要能掌控自己的性格和脾气，收敛不良之处，将优秀的方面展示给孩子，并鼓励孩子像自己一样发挥所长，弥补不足之处，逐渐影响孩子的性格。具体来说，在家庭中，家长可以采取以下方法影响和自己性格相似的孩子的成长：

第一，夫妻互相提醒，将自己优秀的一面展现给孩子。

王刚是一家食品企业的销售骨干，今年30岁了，有个6岁的儿子。平常父子俩很亲昵，这让王刚很自豪。

有一段时间，因为工作不顺利，王刚接连被领导批评过几次，奖金也被扣了一些，这让他心里很不舒服，回到家里也会发发小脾气。后来，他的工作难题解决了，走上正轨了，但是发现儿子的脾气大了不少，一不如意，就摔东西，还口吐脏话。这让王刚大为吃惊，他问妻子："儿子这是怎么了？"

妻子叹了一口气，郁闷地说："还不都是你教的！"

"我教的？"王刚不解。

妻子解释说："这一个月来，你在家发了好几次火，还摔了东西，我不跟你计较，但儿子学会了你的毛病。"妻子说。

王刚听后，不由得头疼起来。这孩子学好不容易，学坏可真快啊！

家是温馨的港湾，也是一家人自由的天地。在家里，成年人往往会更随意自在，在享受温馨的同时，却常忘了在孩子面前要"有所为有所不为"，如不说脏话，不乱发脾气，养成好的生活习惯等。毕竟几岁大的孩子分辨力还很弱，在他们的眼里，父母是最亲的，做的事也是对的。他们在模仿父母的行为时，也会学到一些不良的习性。

第二，帮助孩子认识到自己的性格优势。

几岁大的孩子，往往已经展现出自己的性格雏形了，而他们自己对此并不清楚，只是在随性地发展着。这时，如果父母能及时介入，用孩子能理解的话鼓励孩子，会对其性格发展有较好的帮助。

比如，当父母发现自己的孩子比较有耐心，能安静地玩复杂的拼图游戏时，可以鼓励地说：“宝宝真厉害，这么大、这么难的拼图都完成了，妈妈为你自豪呢！”当发现孩子能说会道时，父母可以这么鼓励他：“我们的宝宝是个很棒的演说家，爸爸妈妈爱听你的演讲，要加油哦！”

第三，给孩子一些锻炼，磨炼其性格。

俗话说“玉不雕不成器”，无论孩子表现出了明显的性格优点还是缺点，家长都要适当安排些小的锻炼，以磨炼其品性。如对于孩子的耐心不足问题，父母可以用他喜欢的游戏方式进行锻炼，从简单的游戏逐渐升级到复杂的游戏，以提高其做事情的耐心。

好性格从培养好习惯开始

“爷爷，我放学回来了！”

一边叫着，王小赛一边进了家门。他今年八岁了，不但聪明而且活泼好动，是班里的活跃分子，也是家里人的“开心果”。无论是爸爸妈妈还是爷爷奶奶，都非常疼爱他。

“好孙子，来，告诉爷爷今天学校里有什么新鲜事儿？”爷爷边给他拿水果边问他。

看到小赛直接伸手拿水果时，爷爷把盘子一收，笑道："去，先洗手。好吃的爷爷都给你留着呢，别着急。"

"嘿嘿，不干不净吃了没病！"说着，小赛扔下书包，跑到洗手间，随便冲洗了几下擦擦手就出来了。

他大大咧咧地往沙发上一躺，踢掉鞋子，伸手就从爷爷递过来的盘子里拿了串葡萄，边吃边讲起学校里的趣闻来，一时间，爷儿俩谈得忘我起来。都聊完了，小赛一站起来，才发现自己的白运动衣上沾了几滴葡萄汁，随便擦了擦，没有擦掉就放弃了。

晚上十点半，在妈妈的督促下，他才把家庭作业做完，然后准备洗漱休息了。这时，妈妈把他的作业拿起来翻了翻，一页没看完眉头就皱起来了。

她叫来小赛，问道："小赛，这道数学题的答案不对啊，你再看看。"

"是吗？我再算算啊！"说着小赛拿过纸笔开始演算起来，"呀，是中间的一步算错了，我把数字1看成7了，嘿嘿……"

"唉，你这马大哈，写作业不能认真些吗？"妈妈无奈地摇摇头，她这儿子什么都好，就是做事大大咧咧、马马虎虎，屡教不改，让她真是头疼不已。她担心孩子以后在中考、高考时也捅这样的娄子，那可就影响他的一生了。

小赛妈妈的担心是很有道理的。如果孩子从小就马虎惯了，养成习惯后，长大以后做事情也会应付了事，不懂得认真。这对他们来说，还真不是一件好事，这样的性格看似潇洒、不拘小节，实则会导致他们在很多事情上的失败。

人们常说：“播种一种习惯，收获一种性格；播种一种性格，收获一种命运。”其实，不但马虎的习惯是小孩子们常有的毛病，还有很多不良习惯，也会对他们的性格养成起到负面的作用。当然，如果家长能帮助孩子从小就养成良好的行为习惯，不但有助于其性格的形成，还能对孩子的人生起到积极的促进作用。具体来说，父母可考虑从以下几方面入手，帮助孩子养成良好的习惯，然后以习惯促进性格的发展：

第一，让孩子养成良好的生活习惯。

对孩子来说，生活是他们接触世界、体验自己人生的第一步，这一步迈得好坏，直接影响以后的路。而且，生活习惯还和孩子的健康密切相关，这都需要家长能多给予一些关注。孩子在日常生活中需要养成的良好习惯主要有规律作息、健康饮食、讲卫生这三个方面，看起来简单，其实做起来内容也不少呢。比如规律作息就要求孩子能按时睡觉、起床，不赖床，不讲条件，而健康饮食就要求孩子按时吃饭，不挑食不偏食，并且饮食有节；讲卫生主要是勤洗手、洗澡，对身边的物品也要讲卫生，不随地吐痰扔垃圾，及时清除家里的垃圾废物等。

第二，让孩子养成讲礼貌的好习惯。

“阿姨，早上好！”

“张爷爷下午好！”

“谢谢妈妈！”

……

这些礼貌用语看似很普通，也很容易学会，但是要想让孩子真正记到心里，并形成自己的习惯，还是需要父母费一番功夫的。毕竟孩子在小的时候，这些都是在父母的教导下通过机械式的模仿背下来的，并没有真正理解礼貌的真正含义是对他人的尊重，也是对自己的尊重，更是文明的体现。因此在孩子的成长过程中，家长要经常对孩子进行引导，并和孩子讨论一些反面的例子，如说脏话、言语粗鲁、不知礼节等不礼貌行为的害处，让孩子能主动拒绝这些不良习惯的侵扰。

第三，帮助孩子养成正确的思维习惯。

乍一看，帮孩子养成正确的思维习惯是比较难的，是不是应该在孩子上高中之后再教呢？不少家长都有这样的疑惑。其实不然，思维习惯看起来很深奥，但是在生活中无处不在，也无时不在影响着孩子的认知和能力的发展。良好的思维习惯更有助于孩子进行思考和判断，对其性格的形成有着很大的促进作用。

家长在和六七岁的孩子聊天时，教孩子最基本的看问题的角度和对错辨别能力，就是对其思维的指导，如告诉孩子勤于观察善于动脑，站在别人的角度看同一件事的换位思考，自己不喜欢做的事情也不要强迫别人做等。

父母要耐心培养孩子的性格

小米是个性格比较内向的女孩子，刚升入小学的她，对新的环境有些不适应，不知道该怎么和同学们相处，不管做什么事都会落单，完全融入不到新班级里。找不到新朋友的她备受打击，性格显得更沉闷了。

妈妈察觉到她的异样，周末的时候就和她谈心："最近学习怎么样？在学校里开心吗？一定认识了很多新朋友吧？"

这些话正好刺激了小米，她张张嘴，话到嘴边却不知道该说什么，于是又把心里话给咽了下去。

妈妈一看，心里了然，看来小米在学校和同学们相处得不太好。不过这也是意料之中的事情，以小米的性格，她不会主动和人打招呼，经常没有存在感，交际方面是很容易吃亏的。

"没交到新朋友吗？"妈妈问。

小米点点头，小声说："没人和我说话。"

"那为什么不主动和同学们说说话呢？"

"上课不允许说话。"小米斩钉截铁地说道。

"你可以下课向同学借橡皮什么的，正正当当说话嘛。"

小米低着头不说话，妈妈叹息一声，苦笑了一下，这孩子还真是太死守规矩了。小米又内向又死板，看来这性格是一辈子改不掉了。

第二天小米照常孤单单地去上学。妈妈去上班，吃午饭的时候和同事讲了小米的事情，同事劝慰她："孩子性格是难改，但是你得做好引导师的工作，让她的性格尽量往好的一面发展。只要你耐心引导，内向的孩子也可以主动去交朋友的。"

"这……我好像是有点儿失职啊，今天回去我再和她谈一次。"小米妈说道。

晚上下班，妈妈刚要找小米谈心，就见小米挂着一脸的笑容跑了过来，对她说："妈妈，我今天试了试你昨天说的方法，虽然……虽然橡皮没借到，但我和她成为朋友了。"

小米妈有点惊讶，内向的女儿真的大胆地去和别人借橡皮了，而且是在听了自己的建议之后。看来同事说得对，虽然性格不太好改变，但在此基础上进行积极的引导，还是能让孩子有所变化的。

从事例中，我们可以看出，即使是内向如小米这样的孩子，也希望来到一个新地方后能顺利融入其中，能多交几个朋友。只是因为性格原因，她在人际交往上一向处于被动地位。妈妈的点拨下，小米鼓足勇气尝试了一下，就得到了让她惊喜的结果。可见，无论孩子的性格是什么样的，只要他愿意做出改变，还是会有满意的收获的。

其实，这也和心理学中关于孩子人的性格分类有关。心理学家研究发现，我们熟知的几种性格其实都不是孤立存在的，在各种性格之间都有着复杂的连接，即人的性格并不是单一的，而是综合性的，只是其中有一两项所占比重较大，就给人以“这个人是外向性格”“那个人是内向性格”的印象。同理，孩子的性格也是这样的，虽然想要完全改变性格是不可能的，但让孩子的性格慢慢发生变化还是比较容易的。当然，这就需要家长的及时指导和耐心塑造了。在具体的家教中，家长还需要注意以下两个问题：

首先，防止孩子出现极端的单一性格。

家长在孩子的性格形成期中，首先要注意的就是防止孩子向极端的单一性格方向发展，

无论是哪一种单一性格，都有明显的缺陷，对孩子的成长不利。例如，家长应注意预防内向的孩子越来越内向，外向的孩子过于活泼开朗。

第二，弥补性格缺陷，增强性格优势。

家长关注的重点可以放在“弥补性格缺陷，增强性格优势”这方面。

生活中，孩子大多对自己的性格只是有个模模糊糊的印象，并没有清晰的认识，这就需要家长以旁观者的角度观察、提醒并指导。

性格教育不是套模板，要因人而异

小松是一名小学生，虽然很聪明，但总是调皮捣蛋，上课不认真听讲，下课不完成作业，让父母和老师都十分头疼。而且他还严重偏科，每次的数学成绩都是班里数一数二的，语文成绩却相反，能勉强及格就不错了。另外，他还有一个坏毛病、爱捡破烂。

每天放学回家，妈妈都能从他书包里搜出一大堆乱七八糟的东西。比如，坏掉的羽毛球、做家具用剩的边角料或者是别人扔掉的塑料瓶子。不上学的日子，他就捣鼓这些“垃圾”，妈妈说了他好几次，他却美滋滋地说：“这叫废物利用。我不花爸爸妈妈一分钱，用这些还有用处的材料做实验器材，多聪明啊！”

“你这哪是聪明，简直是太笨了！这些东西脏死了，没准还有细菌，老摆弄它们，你生病了怎么办？赶紧扔了，把老师上回让你补写的作文写好，拿给我看看。”

“呃……”小松支支吾吾，眼神有些闪躲。妈妈一看他这个样子，就知道他肯定没写，毫不犹豫地就把他手里正在整理的“垃圾”抢了过来，警告道：“如果今天晚上你不写完作文，这些东西我全给你扔到垃圾箱去。”

小松不舍地目送着妈妈把他的宝贝们拿了出去，坐到椅子上开始翻找自己的作文本。说实话，他对写作文真的一窍不通，好多同学写的作文，全是胡编一通，而他很真实地写怎么从垃圾箱里捡出好东西的内容，却被老师批了大大一个叉，他真不知道这作文到底要怎么写。

闷头写了一晚上，小松才勉强写了三百字的短日记交给了妈妈。妈妈一看，题目是“最有意义的一件事”，他却写的是捡垃圾做他所谓的实验器材的事情。这样的作文交上去，恐怕又要被老师退回来了。

“重写！还有以后再也不准往家里捡这些垃圾了，下次考试所有科目必须达到80分以上，否则就别进家门。”妈妈真的生气了，气呼呼地说道：“真让妈妈操心，做个好孩子、好学生就那么难吗？”

小松也感觉到很委屈，他忍不住顶嘴道：“我也是好学生，只不过和其他人的侧重点不一样。难道非得变成个书呆子，才算是好学生？妈妈，你太不讲理了。”

说完，小松哭着跑回了房间。妈妈愣在原地，陷入了沉思。

看过小松的故事后，很多家长都会有熟悉的感觉：自己家的孩子也有和小松一样的毛病，每天孩子放学回家，都能从他的衣服兜里、书包里清理出一些“垃圾”，一说扔这些东西，孩子还老大不高兴，孩子的这个毛病可真不好改啊。

身为家长，我们是否也和小松妈妈一样，做过反思呢？孩子正处于好奇心强、探索欲和求知欲旺盛的年龄。在他们的眼里，什么东西都是宝贝，都能拼成自己脑海中的玩具来。这不正是培养孩子创造力和探索精神的好时机吗？如果单纯让孩子学习，“两耳不闻窗外事”，他们一定就能成为天才吗？孩子的性格就会变好吗？

未必，专家建议，如果想让孩子拥有一个好性格的话，就要遵循孩子成长的规律，尊重他们的天性，让他们在自由的天地尽情施展自己的才华。具体来说，就是要让孩子在玩乐中进步，在兴趣中成长，在个性中成才。

第一，在玩乐中塑造子的性格。

玩耍，就是孩子的学习，就是孩子熟悉世界、适应世界以及成长的必经阶段。一味的学习，并不能让孩子的性格得到充分的锻炼和修正，反而会压抑他的某些特长。让孩子在自由的玩耍中快乐成长，自然而然地形成自己的性格特点，才更有利于他的成长。

第二，根据孩子的特点塑造他的性格。

有的孩子动手能力强，有的孩子观察能力强，还有的孩子表达能力很强……每个孩子都有自己的优势和特长，或者称之为天赋更恰当些。家长的责任就是不但不能埋没孩子的天赋，反而要想尽办法给孩子创造适合展现其能力的舞台，在培养其优势的基础上，塑造孩子的性格。

第三，不能忽略孩子的兴趣。

一般说来，孩子的兴趣往往和他的特长联系在一起，即特长正是他的兴趣所在。这种情况下，家长就比较轻松了，合二为一给他施展的空间即可。但有的孩子的兴趣和特长是两回事，这就要家长帮助孩子统筹安排，尽量两方面都能兼顾到，然后根据孩子的成长状况，逐渐塑造其性格。

孩子好性格不是一朝一夕养成的

米灿很疼自己的女儿，好吃的、好用的、好玩的，只要看到就会买来送给女儿。她认为这是为女儿好，想让女儿过得幸福一点儿。结果却并不是她想的这样，女儿的脾气不知从什么时候越来越大，只要是想要的东西必须要得到，否则就开始闹。

慢慢地，米灿觉得不能再这样惯着女儿了，她马上搜索了一大堆纠正孩子不良性格的方法，打算全部用在女儿身上。结果并不尽如人意，哄过、劝过、道理讲过，但这些在女儿身上全都没效果，米灿顿时感觉女儿这辈子算是要毁了。

愁容满面的米灿实在是心烦了，就去找好朋友请教。朋友家的女儿和米灿女儿一样大，却乖巧懂事，让米灿着实羡慕。

“是你太急躁了。”刚和朋友讲完事情的大概经过，朋友就端来一杯茶，对她说：“俗话说滴水穿石，非一日之功。你女儿性格不好也是被你慢慢惯出来的，想改正过来，也得慢慢来。”

“慢，我怎么慢得了？我急都急死了，她天天在家里要东西，和我闹，我快要受不了了。”米灿痛苦地叹息一声，头一仰，躺倒在沙发上闭上了双眼。

“没办法，当初你那么宠孩子的时候，怎么没想过慢一点儿，别把东西一次性买回家呢？既然当初没那么做，现在你就必须得慢慢来，把孩子的性格纠正过来。”

“慢慢来，真的可以成功？”米灿有些怀疑。

“那你就试试看呗。”朋友笑呵呵地冲她眨了眨眼睛，最后叮嘱道，“对了，‘慢养’呢，父母一定要有耐心，不能坚持一两天没效果，就又开始急了，要给孩子一个逐渐适应的过程。操之过急，只会起反作用的。”

“知道了，老师。”虽然米灿的心情还是不太好，但她想回去试试朋友介绍的这个方法。

“慢养”是著名教育学家黑幼龙先生提出的一个家教理念，其含义是孩子是慢慢长大的，他们无论是智商还是情商，无论是知识的学习还是为人处世的能力都是一个渐进的过程，其性格培养也是需要家长长期的坚持才能取得成效。在培养孩子的性格的过程中，家长不宜对孩子的过错过度重视，也不宜担忧孩子和坏朋友交往等不良行为，不能根据孩子小时候一时的问题就否定他日后取得成就的可能性。下面，我们一起来看看黑幼龙先生提出的“慢养”家教方法：

第一，不求一时的效率和成绩。

现在，确实有不少家长在教育孩子的过程中，存在着过分追求学习成绩、要求孩子多才多艺等急功近利的现象。这和整个社会氛围有关，人们都比较浮躁，对眼前的利益比较看重，喜欢相互攀比。不少家长都担心自己的孩子输在起跑线上，人家孩子有的，自己孩子也要有；人家孩子擅长的，自己的孩子也不能弱。同时，家长还常常将自己的喜好、未实现的理想也寄托在孩子的身上。殊不知，孩子和小树苗一样，过早地在其身上放上重担，只会将其压弯，反而无法顺利地成长为参天大树。因此，为了孩子的光明未来，家长们还是少一点儿功利心、多一点儿耐心为好，这就需要家长对孩子学习的成绩不必过于在意，并放宽对孩子的各种任务和要求。

第二，不以当下的表现评价孩子。

黑幼龙先生是著名的教育学家，他的二儿子在小时候却是一个不折不扣的“问题少年”。这孩子的学习成绩一塌糊涂，整天和一帮不务正业的混混在一起，打架斗殴，不服管教。很多家长都对这样的孩子头疼不已，要么弃之不管不问，要么对其进行非常严厉的管教。

黑幼龙两种方法都没有采用，他认为孩子犯错误更多的是出于好奇和尝试的心理，并非天生是“坏坯子”。黑幼龙让孩子知道只要知错能改，父母永远爱他支持他，相信他不是坏孩子，更不会因他小时候的错误，就认为他以后也是社会渣滓。在黑幼龙的长期教养下，这个二儿子后来取得了惊人的成就——30岁就当上了华盛顿大学医院的副院长，一时被传为佳话。

可见，孩子的可塑性很强，家长切不可以孩子目前的失败和问题就否定他的未来。

第三，尊重孩子，包容孩子。

无论孩子的年龄大小，父母都要给予充分的尊重，让孩子体会到真正受到成人重视的快乐。同时，家长要能对孩子的兴趣、志向、想法尽可能地包容。在条件允许的范围内，尽量满足其合理要求，给孩子创造一个自由发展的空间。

第二章 好父母善于引导孩子改变不良行为

以身作则，让孩子不再懒惰

跳跳今年6岁了，却一点也不爱跳。他总是窝在家里，坐在泡沫地垫上默默地玩，妈妈让他出去玩会儿，他嫌累，就是不动一下。

晚上吃饭的时候，妈妈喊跳跳："跳跳，出来吃饭了。"

跳跳正在自己房间里玩，看了一眼坐在饭厅里的爸爸妈妈，摇着头说道："我不出去，那么远，太累了，妈妈给我端过来吧。"

"你这孩子，怎么这么懒？快点儿出来！"爸爸妈妈坚决不答应他的要求，跳跳最后实在是太饿了，只好噘着嘴走过了去。看着一桌的饭菜，跳跳对妈妈说："妈妈，我要吃肉，你帮我夹……"

"自己夹！"妈妈没理他，他又看向爸爸，爸爸想了想，问他："为什么要让爸爸妈妈喂你？"

"爸爸不觉得，我想吃什么，什么就跑到嘴里，是件很棒的事情吗？"跳跳回答。

爸爸愣了一下，然后问："那你不想洗脸，不想刷牙，不想出去玩，也是因为懒，不想自己亲自动手的原因吗？"

"当然！"跳跳扬扬得意地说道，"就像是请了一个贴身保姆一样，自己想怎么样，就有人马上按照你的想法来做，多好啊！"

爸爸想了想，说道："跳跳啊，爸爸给你讲个故事吧。"

"好啊，我最爱听爸爸讲的故事了。"跳跳点点头，然后就听爸爸讲起了故事。

故事中有个懒孩子，他从不自己洗脸、刷牙，也不愿意自己穿衣服，总是麻烦周围的人来照顾他。而他最大的梦想就是只要躺在床上喊一声，他想吃的想用的，就会自己出现。这样，他什么都不用做，就能实现各种愿望了。

有一天，懒孩子睡得正香的时候，一位漂亮的神仙姐姐出现在他的梦里，温柔地对他说："我能实现你的梦想，你真的想躺在床上就能做任何事情吗？"

"当然！"懒孩子重重地点点头，对神仙姐姐说道，"我一直都想这样。"

神仙姐姐笑了笑，说道："你现在不就在做梦吗？不过，我会实现你的愿望的。"说完，懒孩子就觉得一道金光进入了自己的身体，然后他就惊醒了。

醒来后，懒孩子觉得肚子饿了，想起今天妈妈做的肉饼真好吃，便想着，要是现在能吃个肉饼就好了。他刚这样想，突然有个东西出现在他面前，还没等他看清楚，那个东西就跑进了他的嘴里，没等他尝出任何味道，就一下子"钻"进了他的胃里。

懒孩子吓了一跳，等回过神来的时候，肚子已经饱了。他想："难道神仙姐姐真的实现了我的愿望？"

于是他又试了一回，这回他想吃苹果了，可他刚一想，苹果就跑进了他的嘴里，还没等他嚼，就到了他的胃里。

这是怎么回事？难道他以后都尝不到味道了吗？越想越怕的懒孩子哇哇地哭了起来。而未来的时间，也确实如他所想，他再也没有尝到过任何美味的东西，因为这些东西都在一瞬间"蹿"进了他的胃里，只留下空气中的香味让他更加难过。

"难道你也想像这个懒孩子一样，最后尝不到任何美味的东西吗？"爸爸讲完故事后问道。

跳跳连忙摇头说道："不要，不要，我要自己夹菜吃。"

越来越多的家长在抱怨，孩子小小年纪就开始变得懒惰，不少孩子更是经常窝在家里看动画片，哪儿都不想去，对其他游戏也不怎么感兴趣。其实，懒惰不只是孩子的天性，而且是成人的天性。所以要想改掉其懒惰的毛病，只能循循善诱，不可动手。切记，好孩子不是打出来的。比如家长可以让孩子自己制定学习计划，只要一天完成定量的学习任务，就给孩子奖励，让孩子尝到甜头，日久天长，他就会变得勤快了。还有，可以利用假期，让孩子干一些力所能及的家务活，给孩子锻炼的机会。

家长要以身作则，从日常生活中去影响孩子。习惯的养成跟家庭教育有很大的关系。习惯对人的生活、学习以至事业上的成就都至关重要。孩子的可塑性很大，童年是习惯养成的关键时期。这一时期容易养成好习惯，也容易养成不良习惯。孩子即使有了不良习惯，在此时纠正起来也比较容易；如果养成不良习惯，等长大了再想改掉就难了。所以，家长需要培养孩子良好的生活习惯、思维习惯和学习习惯。

跟孩子讲道理应适度，不能过分苛求孩子。大人的要求过分苛刻，孩子是办不到的。比如生活中有的父母自己喜欢吃零食，却对孩子大讲吃零食的坏处，如此，孩子是不会听从的。要给孩子申辩的机会。跟孩子讲道理时，孩子可能会对自己的言行进行辩解，大人应给予孩子申辩的机会。应该明白，申辩并非强词夺理，而是让孩子把事情讲清楚讲明白，给孩子申辩的机会，孩子才会更加理解大人所讲的道理，使教育收到良好的效果。建议家长每天从自我做起，给孩子一个榜样，然后引导孩子去慢慢改变不良习惯，不能任孩子的习惯发展下去。

耐心引导孩子摆脱磨蹭坏习惯

今天是曼曼上小学的第一天，爸爸妈妈从一大早就开始帮她收拾上学用的东西了。曼曼却一点儿也不紧张，依旧像平时那样，缓慢地做着一切。

“曼曼，还没起床吗？”妈妈做好早饭后来叫曼曼，却发现她还窝在被窝里，一动不动。

“今天可是你第一天上学。老师不会喜欢迟到的学生，难道你想让老师讨厌你？”

曼曼一听，赶紧从被窝里爬了起来，拿起床边的衣服准备穿。

妈妈高兴地拍拍她的头，说道：“这才是乖孩子嘛。快点穿好衣服洗脸吃饭，妈妈去帮你盛饭。”

“好的。”曼曼点头答应了。

10分钟过去了，妈妈还没见曼曼从房间里走出来，以为她出了什么事情，赶紧跑进房间去看。妈妈发现，曼曼用了10分钟的时间，竟然只穿好了一条裤子！在她身边，放着一本图画书，她正一边看，一边往头上套衣服。

“曼曼！”妈妈连忙跑过去，把图画书收起来放到了桌子上，并对曼曼说：“你怎么这么磨蹭啊？再不快点儿，就要迟到了。”

在妈妈的帮助下，曼曼总算穿戴整齐，跑进了洗手间洗脸刷牙。

妈妈本来不放心她自己进去，怕她犯了磨蹭的毛病，可曼曼说：“我保证不会磨蹭。”妈妈这才放心地让她进去了，可五分钟后，妈妈还没听到洗手间传出流水的声音，开始着急了。

“曼曼，你在做什么？”妈妈推门进去，见曼曼正坐在马桶上发呆，妈妈急得都冒汗了。

“你再这样，今天可真的要迟到了！”妈妈气呼呼地说道。

曼曼赶紧提起裤子，跑到洗手台旁说道：“马上就好，妈妈不要急。”

“怎么能不急呢？再磨蹭，妈妈上班也要迟到了。唉……”妈妈边叹气，边走到曼曼身边，迅速地帮她洗好手和脸，这才放心地回到了饭桌旁。

可妈妈左等右等，都不见曼曼从洗手间里走出来。妈妈又急了，冲着洗手间的门问道："曼曼，你怎么还不出来？"

"等一下，我在擦脸。"曼曼回答。

"擦脸？"妈妈好奇地又回到洗手间。当看到女儿小心翼翼地用毛巾擦过脸上的每一个部位时，妈妈哭笑不得。

女儿这磨蹭的毛病，怎么越来越厉害了？

故事中曼曼的磨蹭并不罕见，现实中的许多孩子亦是如此。出现这种状况，一方面是因为孩子的年龄还比较小，不仅身体处在发育期，感觉、知觉和动作也处在发展和完善期，所以会出现肢体、语言、动作等反应慢的情况。这时，家长就不应该以成年人的标准来衡量孩子，然后无休止地催促甚至责备，而是应该耐心等待，并且循序渐进地帮助孩子改正。另一方面，在孩子的世界里，时间的概念还是比较模糊的，他们尚未体会到尽快完成事情带来的好处，也没有了解动作磨蹭的坏处，因此没有紧迫感，做事自然比较爱磨蹭。对于孩子的这种习惯，家长可以采取如下建议：

首先，用兴趣来引导孩子。

人们都是对自己喜欢的事情抱以比较高的热情，孩子更是如此，所以家长可以用兴趣来引导孩子，不要一味地催促和发脾气。比如，今天要去一个孩子期待已久的地方，他可以用超过家长的速度穿戴整齐然后催促家长；但若是要他去做不喜欢的事情，他就会慢慢吞吞，甚至可能家长反复催促也不见孩子加快速度。

其次，让孩子和自己比赛。

父母可以通过最直观的方式刺激孩子，比如和孩子一起设计一张比赛成绩表，然后选一件简单容易的事情让孩子做，记下最初所用的时间，并且逐日记录当天完成的时间。孩子取得进步时，家长就以奖励的方式唤起孩子对继续进步的渴望。当家长认为这件事情已经在合适的时间完成，再换一件稍有难度的事情让孩子做，如此循环往复，直到孩子摆脱动作慢的习惯，做事变得干脆利落。另外，在比赛期间，家长应该向孩子讲明这样做的益处。

最后，让孩子有盼头。

与其告诉孩子尽快完成事情的好处，不如让他亲身体会。没有间歇地训练孩子，非但不能达到目的，反而会让孩子失去加快速度的动力，让他觉得快与慢没有分别。所以父母可以在孩子完成安排的任务后，将节约出来的时间还给孩子，让孩子亲身体会到尽快完成事情的好处，以后就能自然而然地改掉坏习惯。

孩子偷东西，父母要冷静处理

一位妈妈最近发现自己总是莫名其妙地丢钱。明明钱包就在家里好好放着，可回头一看，就会发现里面不是少了五元钱，就是丢了十元钱。这是怎么回事呢？难道家里进小偷了？可如果有小偷的话，为什么不把钱全偷走，而是只拿一部分呢？妈妈想了好长时间，都想不明白这到底是怎么一回事。直到有一天，妈妈发现自己的儿子像小偷一样偷偷跑进了她的房间，一会儿又悄悄出去后，才有了眉目。

“不会是儿子拿的吧？”虽然妈妈大概了解这是怎么一回事，但她还是不敢相信自己的儿子会做出小偷一样的行径。

为此，妈妈特意安排了一个“局”，想看看到底自己钱包里的钱是不是儿子拿的。

周末的一天，妈妈随手把钱包放在了饭桌上，然后假装去洗手间。她悄悄躲在洗手间的门后，从门缝里观察着饭厅里的动静。

十几分钟过去了，饭厅没有任何动静，妈妈正想说是自己搞错了，误会了儿子时，儿子房间的门发出了轻轻的吱呀声。

不一会儿，妈妈就看见儿子探头探脑地出现在饭厅，像小偷一样，轻手轻脚地来到了饭桌前，东瞧瞧、西看看，确定没人后，迅速地拿起了桌上妈妈放下的钱包，从里面抽出了两张五元钱的纸币。把钱包放回原处后，儿子迅速地跑回了房间。

吃晚饭的时候，妈妈装作没发生任何事情一样，随口说道：“最近真是很奇怪啊，放在钱包里的钱，总是会过两天少一点儿，过两天少一点儿。难道是我没注意，多花钱了？”

“是不是你记错了？”爸爸笑道。

妈妈一边皱眉头，一边看着对面的儿子。只见儿子先是惊慌了一下，在听到爸爸的话后，赶紧附和道：“肯定是妈妈记错了。”

“是吗？那可能是我记错了，最近妈妈的记性是不太好。”妈妈说完，就见儿子像是松了口气一样，大口地吃起饭来。

“儿子，今天吃饭之前，你来饭厅了吧？”妈妈放下碗筷，轻声问。

“啊？”儿子吓了一跳，连忙摇头。

妈妈继续问道：“你好像动了一下妈妈的钱包？”

“没……没有啊！”

“没有吗？那咱们家还有其他孩子吗？”

“不知道……”

“妈妈都看见了，你还敢撒谎？太气人了，小小年纪竟然学会偷钱了！在家偷钱，出去是不是也偷别人东西了？今天妈妈一定要好好管教管教你！叫你再偷东西！”妈妈生气地拍着桌子，对儿子真是失望透了。

大家都知道，儿童的小偷小摸行为比较常见，尤其是在儿童5到10岁这个阶段。但随着年龄的增长，这种现象会逐渐减少甚至消失。专家认为，儿童之所以出现这样的现象，是因为他们还没有足够的意志力控制自己的行为。尽管如此，当孩子出现小偷小摸的行为时，家长也不应置之不理。但应注意教育方式，不宜效仿故事中的妈妈。

当下，独生子女家庭有很多，而且生活条件比从前优越，但物质水平提高的同时人们的欲望也在膨胀，孩子在父母的宠爱下也是如此。比如，他们不满足于数量已经很多的玩具，追求更多、更时尚的玩具，如果家长不给予满足，类似故事中儿子的行为也就随之产生了。这种行为是必须及时纠正的，长此下去，后果将不堪设想，孩子成年后可能会出现一系列人格偏差问题，小偷小摸也可能会演变成违法乱纪等行为。

对于孩子的偷窃行为，许多家长会大发雷霆，痛打孩子或者当众数落，殊不知这样不但解决不了问题，还有可能让孩子自暴自弃，更喜欢偷窃。所以，当家长发现孩子有这种行为时，应该冷静对待，先找出原因，再因势利导，有针对性地帮孩子分析问题，才能更好地让孩子认识到自己的错误，从而改正错误。

家长了解孩子偷窃的真正原因后，应根据实际情况进行有技巧性地批评教育，比如坚持正面引导。家长应该向孩子讲明这种行为的坏处，告诉孩子这种行为会引发的后果。如果孩子偷的是别人的东西，还应让孩子把偷来的东西物归原主，并且诚挚道歉。另外，在孩子认识到错误以后，也应暗中观察一段时间，一旦发现迹象要及时提醒；倘若孩子完全改掉小偷小摸的习惯，家长切忌再提此事。

及时引导孩子学习文明用语

晶晶今年7岁了，不知道从什么时候开始，她学会了说脏话，经常把“屁”“放屁”等挂在嘴边，和人吵架时会说：“你放屁！”爸爸妈妈纠正了几回，效果都不明显。

这天，晶晶在和小朋友玩耍的时候吵了起来。晶晶要先玩积木，小伙伴想先玩过家家，于是两个人吵得不可开交。后来，晶晶急了，张口就说：“屁！我说玩什么就玩什么，你不要再给我放屁了。”

小伙伴被骂后，傻傻地愣了一会儿，“哇”的一声哭了出来。

妈妈走过来，对晶晶说：“你为什么要骂人呢？看小伙伴都被你骂哭了。”

晶晶歪着小脑袋说道：“我没骂她啊！”

“那你说‘屁’什么的，不是骂人吗？”妈妈问。

“我只是觉得很好玩啊。屁！”晶晶笑着又重复了一次。

妈妈连忙对她说：“这个词不好听，我们以后不要再说这个词了，好不好？”

“放屁！屁！”可惜晶晶就像没听到一样，还是一个劲地说。

后来听晶晶说得多了，妈妈也就觉得没什么了，反正是无伤大雅的话，又不是真骂人。妈妈认为可能是晶晶年纪还小，等她长大了明白了这句话的意思，应该就不会说了。所以，后来妈妈渐渐地不再纠正晶晶说脏话的毛病了。

可时间不长，妈妈发现晶晶说脏话的毛病竟然升级了，而且这次是真的在骂人了。

妈妈呆呆地看着女儿，不明白女儿现在怎么变成这样了。

“晶晶……”妈妈捂着嘴，不知道该对晶晶说什么了。

父母最初从孩子口中听见脏话时，会错愕、愤怒，会纠正。然而当孩子口中的脏话越来越频繁且越来越不堪时，不少父母就都会像故事中的妈妈一样不知所措。我们都知道，习惯一旦形成，再改变就是需要一定的时间的。所以父母不应抱有侥幸心理，觉得孩子长大以后就会明白，必须及时纠正。

家长可能发现，孩子会有某个时期格外喜欢说脏话，这就是专家说的“脏话敏感期”。如果不及时制止，孩子就会养成习惯。所以，当孩子有说脏话的现象时，父母可以鼓励孩子通过努力改掉这种不良习惯。

家长应该告诉孩子，说脏话是一种不良行为，是对别人的不尊重，甚至侮辱。还有，家长应当向孩子强调，说脏话是不应该被当作好玩的事情的，它会引起别人的反感，会让自己显得粗鲁，从而被别人疏远。总之，一定要让孩子了解说脏话的坏处。

家长应当利用语言的灵活性，用一些文明又能表达强烈情绪的词语替代孩子口中常说的脏话，而处在对外界好奇阶段的孩子一定会非常愿意学习那些新鲜词语的。

假如孩子的不良习惯已经养成，父母不应急于求成，可以采取区别强化法，循序渐进，直至帮助孩子改掉不良习惯。

父母诚实守信，孩子远离谎言

莹莹今年刚上小学一年级，可她特别讨厌去上学，想多和妈妈待在一起。周一的早上，莹莹搂着妈妈的脖子问妈妈："妈妈，我今天不想去上学，你能不能也不要上班，在家里陪我玩呢？"

"这可不行，学生就是要去上学的，而妈妈如果不去上班，怎么挣钱给你买好吃的呢？"妈妈拒绝了莹莹的要求，莹莹不高兴地噘起了嘴，但还是听了妈妈的话，背起书包去上学了。

上午10点，正在工作的妈妈突然接到学校的电话，说是莹莹在学校突然晕倒，已经被送进了医院。

妈妈心急火燎地赶到医院的时候，莹莹已经清醒了。医生检查过后，说莹莹没问题，便让妈妈带着莹莹回家了。

回家的路上，莹莹很高兴地抱着妈妈，撒娇说："妈妈，今天我终于能和妈妈一起在家里玩了。"

妈妈连连点头，并买了莹莹最爱吃的炸鸡块带回了家。

在家里，妈妈看着活泼爱动的女儿，心里突然产生一个想法："会不会是女儿撒谎故意骗了大人们，说自己生病了呢？"

虽然有这种可能性，但妈妈还是觉得女儿不会做出这种事情来，便笑着摇了摇头，陪女儿玩了起来。

后来，又发生了几次类似的事情，妈妈才确定，女儿真的骗了大家。可女儿为什么突然变得爱说谎了呢？她实在是想不明白这其中的原因。

当家长发现孩子撒谎时会觉得难过，不过，从发育的角度看，孩子有时撒谎或编造故事是很正常的。孩子撒谎有很多方面的原因，可能是看到大人撒谎，然后跟着学，这时候大人根本就不会意识到这是自己的问题；还有一种可能就是大人太严厉了，时常不是打就是骂，而且孩子即使没有说谎，大人也逼着他问他是不是说谎了，久而久之孩子索性撒谎，反正没人相信自己。有时候家长跟孩子在玩的时候喜欢说谎，孩子一听还当是好玩的事，时间长了也就变成习惯了。因此，想要孩子改掉撒谎的毛病，首先要大人以身作则，不要老是在生活中给孩子树立反面典型。

家长不要在小孩子的面前说谎。孩子耳濡目染，都会效仿的。家长还可以讲关于诚实的故事给孩子听，如华盛顿砍樱桃树的故事、诚实的列宁等，拿故事中的人物去做孩子的榜样。还应给孩子讲一些撒谎者最终自食其果、下场可悲的故事，如“狼来了”等。

应奖赏说真话的孩子。即使孩子犯了错误，只要说了真话，就应肯定他的行为，并引导他不断地完善自己。不用打骂、惩罚、斥责等消极方式对待孩子，避免孩子以谎言来应付成人、保护自己。

如果孩子在毫无压力的情况下依然说谎，家长就要引导他明白道理，让他今后不再说谎。如果这样做了，孩子还经常说谎，那就有必要明确地给他讲“说谎不对”的道理了。一定要帮助孩子清楚地区分可以做的和不可以做的事。

第三章　解放思想，帮孩子养成良好的学习习惯

提高学习能力，才能养成良好的学习习惯

潇潇的妈妈是一名初中数学教师，希望潇潇以后能出国留学，获得更好的教育，所以特别关注潇潇的学习成绩。

可能是由于妈妈的影响，虽然潇潇是女生，但是她一点儿都不排斥数学。

潇潇的妈妈平时会让潇潇思考一些具有趣味性的生活问题。

“如果你从装着黑色和蓝色袜子的抽屉里拿出两只袜子，它们始终都无法配成一对。如果你从抽屉里拿出3只袜子，是不是不管成对的那双袜子是黑色还是蓝色，最终都会有一双颜色一样的。那如果抽屉里有3种颜色的袜子，蓝色、黑色和白色，你要想拿出一双颜色一样的，至少必须取出几只呢？”潇潇的妈妈问道。

“取出4只袜子。”潇潇想了一会说道。

“那如果抽屉里有10种不同颜色的袜子呢？”妈妈又提出了更难的

问题。

“那就必须拿出11只。”潇潇快速地回答道。

“看来我们潇潇已经掌握窍门了！”妈妈高兴地夸奖潇潇。

通过这些有趣的问题，潇潇渐渐地喜欢上了数字和那些有趣的数学思维方式。

在妈妈精心的训练下，潇潇的数学思维变得越来越好，思路越来越开阔，反应越来越灵敏。她的数学成绩在学校总是数一数二。

潇潇每次考试的数学成绩都不错，但是妈妈并没有对她有太多的表扬，反而对于一些她学得不太好的科目，妈妈一发现潇潇有了进步，就会买礼物奖励她。

每次考试成绩出来后，潇潇的妈妈不会和潇潇探讨班里的同学都考得怎么样、谁进步了、谁退步了，而是会帮潇潇分析试卷，探讨她最近在学习中遇到的困惑。

一次学校组织大家参加数学竞赛，班主任让潇潇代表学校去参加市里面的竞赛。带队的老师回来后感慨地向潇潇的妈妈说了一件事：“那天比赛开始之前，我们去得太早了，孩子们很无聊。我看大家都在玩什么‘天天跑酷’之类的手机游戏，但是我发现潇潇没有用手机玩游戏，而是在记英语单词。你们家潇潇怎么那么自觉呢？”

“那只是她的习惯而已，”潇潇的妈妈笑着说，“我们俩最近在比谁的英语词汇量大。每天早上她都会去我们小区下面的花园背一会儿单词再去上学。那天因为比赛地点太远，要很早去，她就没有背单词。她那是在抽时间完成自己的计划呢。”

很多家长都像故事里潇潇的妈妈一样看重孩子的学习成绩，学习成绩确实是孩子在学校学习效果的证明，但是一些家长把它当成检测孩子学习能力的唯一标准，这就过于片面了。家长们应该向潇潇的妈妈学习，不仅重视孩子学习的结果，而且要关注孩子学习的过程，给孩子适当的指导。学习成绩是一个结果，会受到很多因素的影响，具有偶然性；学习能力则是孩子经过长时间训练而转化成的一种具有主动性和创造性的实践能力，具有稳定性。所以孩子的学习能力对于他们的发展更加重要，家长应该更加注重对孩子学习能力的培养，让孩子养成良好的学习习惯。

学校的生活规律与幼儿园相比发生了很大的改变，比如上学的时间变早了，课余的活动时间变少了，作业变多了，学习的科目增加了……面对新环境的变化，孩子幼儿园阶段的生活习惯和学习习惯已经不能让他们继续更加深入地学习和提升自己的学习能力了，所以家长必须帮助其做出适当的调整，这样才能让孩子在小学的学习中有所突破，达到良好的学习效果。

生活中大量的案例向我们证明了成绩优秀的学生一定具有良好的学习习惯。良好的学习习惯一旦培养成功，便用不着孩子刻意要求自己去做什么事，他们会产生在一定的学习情景下自动地进行某些活动的思维定式，会主动在生活中的任何时间和地点学习。所以说良好的学习习惯对孩子的小学学习来说是极其重要的，家长可以把培养子女良好学习习惯的方法融入孩子日常的行为习惯和生活习惯中，让孩子在不知不觉中培养自己的学习能力。下面列出了一些培养孩子良好学习习惯的方法供家长参考：

首先，帮孩子设定课外学习的小任务，让孩子利用零散时间完成。

要在规定的时间完成规定的学习任务。把每个规定的学习时间分成若干时间段，根据学习内容，为每个时间段规定具体的学习任务，并要求孩子必须在一个时间段内完成一个具体的学习任务。这样做，可以减少甚至避免学习时走神或注意力涣散的情况，有效地提高学习效率。还可以让孩子在完成每个具体学习任务后，产生一种成功的喜悦，使自己愉快地投入到下一时间段的学习中去。

其次，让孩子记好自己的笔记。

教孩子利用好自己的笔记本，对上课要做笔记的内容进行规划，有选择地记。在笔记的格式安排上，也要做个计划，比如可以在每页笔记的右侧画一竖线，留出一些空白，用于课后查漏补缺，或写上自己的心得体会，左侧剩余的大半页纸用于做课堂笔记。记笔记一定要有重点，要条理清晰。另外，可以教孩子用一些速记的方法，提高记笔记的效率。可以简化某些字词，建立一套适合自己的书写符号，只要孩子自己能看得懂就可以。

再次，教孩子学会利用自己的笔记。

上课记笔记可以帮助孩子专心听讲，防止走神。孩子听课的时候可以对重点内容、疑难问题、关键语句进行“圈、点、勾、画”，但是课后要及时对自己这样比较随意的笔记进行整理，这也相当于一次对知识的复习。课后的笔记要把课上的笔记进行梳理和系统化，是对课上笔记的再次利用。

教孩子反复对自己整理后的笔记进行复习，可以把笔记作为孩子晨读或者晚上学习的内容。通过课上做笔记、课后整理笔记、反复复习笔记这三种方法，就能够将笔记的价值完全地体现出来。

最后，教孩子复习自己以前学过的知识。

如果说课前预习的工作只是能让孩子提前熟悉老师上课要讲的内容，对于孩子自己掌握新知识没有太多的作用，那么我们可以让孩子忽略预习的工作。但是在孩子学到新知识后，复习工作直接影响到孩子能否达到最好的学习效果。如果孩子没有进行及时的复习，强化记忆，那么孩子这一天的学习时间就白白浪费了，孩子什么都学不到，只是在上课的时候“瞬间记忆”了一会儿，第二天又都忘记了。

孩子每天写作业的过程就是在对刚学到的知识进行复习，所以家长要督促孩子及时完成老师布置的作业，对作业中存在的问题，认真寻找解决的办法。作业写完后，要想一下它的主要特征和要点，以收到举一反三的效果，加强对知识的记忆。仅仅靠写作业的方式复习一次是不够的，家长要及时了解孩子最近的学习状况，随时随地问一些有关孩子近期所学知识的问题，以达到反复训练的效果。这种比较分散的复习方式也不会给孩子造成很大的负担，不让他们感到厌烦，还能起到巩固知识的效果。

父母陪同，孩子在学习中才有快乐

学习兴趣是孩子对某种未知事物的一种求知欲，是一种积极对待学习的情绪状态。学习兴趣是可以帮助孩子满足想要研究或者获得某种知识的一个一种精神力量。如果孩子在学习的过程中，对某个学科产生了兴趣，那么他就会专心致志地去研究它，从而提高自己的学习成绩。

学习兴趣可以分为直接学习兴趣和间接学习兴趣。直接学习兴趣是在学习过程中，根据所学的内容，比如教学材料、教学内容、教学形式等直接引起的兴趣爱好。间接学习兴趣是通过某些结果或者某些事物而对孩子学习心态产生了影响之后，产生的有一定自觉性的学习兴趣。

孩子对学习的兴趣直接影响着他的学习态度。学习兴趣浓厚的孩子，往往都能主动学习，并且能在学习中找到乐趣。这样的学习状态不仅能提高学习效率，还能使孩子的学习兴趣更加浓厚，这样的学习状态就是孩子学习的最佳状态。反之，学习兴趣不浓厚的孩子，不仅学习成绩会受影响，还可能会对学习甚至生活失去热情。

小楠是个兴趣爱好非常单一的孩子，平时很少参加除了学习之外的课余活动。因此，她就比别人多出了很多时间来学习，学习成绩比较优异。

可是，小楠在上课时，经常会出现注意力不集中的现象，课下也没有以前那么努力了。

主要原因是小楠在学习中遇到了很多不懂的知识点，并没有及时解决。这些不会的知识越积累越多，最后导致她跟不上老师上课的进度，她也因此而失去了对学习的兴趣。于是她就感觉学习越来越枯燥，对自己的学习能力也没有那么大的信心了。

不仅如此，她也受到了很多情绪因素的影响。比如，由于她的课余活动比较少，她把大量的时间用来学习。可是，她的努力与收获不成正比。很多每天都在玩的孩子比她的成绩优秀得多。这样的结果就在她的内心中产生了很大的压力。

小楠对学习的兴趣逐渐减少，甚至出现了厌学的情况。尤其到了三年级的时候，她发现自己不会的知识越来越多，听老师讲课就像听天书一样。因此，她不仅对学不懂的学科产生了抵触情绪，对之前有兴趣学习的学科也产生了厌学心理，她的成绩又下降了很多。

例子中的小楠没有找到学习的乐趣，每天都机械地学习，没有合理运用自己课余的休息时间，从而导致她的学习效率非常低。她的考试成绩不如那些既对学习充满热情又热爱生活的孩子。在这时，家长就应该给予她一些鼓励与引导，从而培养她的学习兴趣。

学习兴趣是能进行长期培养的。一般来说，间接学习兴趣可以在学习过程中转化成直接学习兴趣，而直接学习兴趣是一种可以长期坚持的、可以提高孩子学习成绩的有利因素。因此，家长要善于运用这两种不同类型兴趣的特点，帮助孩子提高学习兴趣，改善学习状态，提高学习成绩。

有很多孩子在面对生活时的热情并不高涨，因此，他们就无法对某些事物产生兴趣。这样的状态如果不及时改善，他们对以前感兴趣的事物的态度就会改变。就像例子中的小楠一样，她就对除了学习之外的事情都不感兴趣，促使她在之后的学习中也提不起兴致，学习成绩大不如从前。

现在的生活是多元化的，有很多有利于孩子成长的活动与事物。家长应该让孩子勇于尝试新鲜的事物，这样才能让提高孩子对未知事物的好奇心，从而对其产生兴趣。

首先，家长可以带着孩子出去玩玩，散散心，缓解一下紧张的学习气氛。当孩子放松心情，才能发现生活中的美好，才能对事物有兴趣。

家长还可以在不影响孩子学习的基础上让他学习一些自己喜欢的东西，比如，学舞蹈、乐器、画画等。这些虽然是孩子的一些课余爱好，如果运用得当，它不仅可以帮助孩子丰富课余生活，还能帮助孩子提高对所学事物的兴趣，从而间接地提高学习兴趣。

当孩子对某些喜欢的事物产生兴趣时，家长再从旁引导孩子对学习的兴趣，这样才能取得事半功倍的效果。

学习对于一些孩子来说，是一件比较枯燥乏味的事情，有很多孩子都对学习没有兴趣。家长在教导这些孩子时，不能急于求成，而是要对他们进行长期的引导与培养，让他们能逐渐对学习产生兴趣，从而逐渐提高学习成绩。

当孩子找到学习中的乐趣时，就会产生好奇心，也就产生了求知欲。这时，他对学习的看法就不再那么极端了，而是能从多角度看待学习，并且不再抵触学习。再经过家长的引导与鼓励，他就能把从学习中找到的乐趣变成自己想去学习的兴趣。

有很多孩子在学习时的兴趣会受到情绪的影响，情绪低落时学习效率很低，情绪高涨时学习效率就有所提高，但是情绪太高涨了也会对其产生影响。因此，家长要让孩子学习情绪的控制，让孩子能把自己的情绪稳定在一个良好的范围内，这样才能提高他的学习效率。

当孩子情绪低落时，可以想一想开心的事，或者让自己兴奋的事。比如，完成作业之后就能去玩，或者考试成绩好了之后就能得到家长给的奖励，等等。这些方法不仅能让他控制自己的情绪，还能保持他对学习的兴趣，让他更加乐于去学习。

提高学习认知，端正孩子的学习态度

学习态度是指孩子对学习所表现出来的一种比较稳定的心理倾向，它一般可以概括为孩子对待学习内容的看法、对待学习过程的态度，以及对待老师和学习的意见等。它是由孩子对所学课程的认知、在学习过程中对其产生的情绪与情感，以及对学习的反应或倾向所构成的。

其中，认知是学习态度的基础，而情绪与情感才是学习态度的核心。孩子无论是喜欢学习，还是抵触学习，这都是一种学习态度，并且决定了他学习的好坏。良好的学习态度有利于孩子在学习时更加努力，对学习的兴趣更加浓厚，让孩子学习成绩也能稳步提高，而不良的学习态度会对孩子的学习造成一定的影响。

小冰是个自制力比较差的孩子，他不爱学习，而且很贪玩。小冰是三年级的学生，前两年他都没有努力学习。眼看就要期末考试了，在他受到了家长的严厉管教之后，这个不良习惯终于得到了改善。他下定决心要努力学习。

小冰的思想得到转变之后，他就开始努力听课，并且认真复习。可是，刚刚做了一会作业，他就感觉自己好像已经学了好久了，应该歇一歇了。于是，他就放下书本，开始做其他事情。

妈妈看到小冰又没有学习，就问他：“你怎么又没学习啊，不知道你怎么答应妈妈的吗？”

小冰说：“我马上就去学，刚才已经学了一会了，我歇一会儿。”

妈妈听到他这样的话，就没多说别的。可是，小冰就这样一拖再拖，拖到了晚上作业还没有写完。就在他刚刚进入状态，找到一点儿感觉时，就到了睡觉的时间。他就只好安慰自己说：“今天太晚了，明天起来再写吧。”

到了第二天，他起得很晚，到学校之后还有几分钟就要上课了。课代表的作业马上就要收齐了，小冰看自己的作业写不完了，为了交作业，只好抄别的同学的作业。

上课的时候，由于天气炎热，大家都爱犯困。有很多同学担心自己睡着或者听课状态不佳，就主动站起来听课。小冰也一样，站到了后面。可是，站了一会儿，他就感觉腿很酸，然后就回到了座位上，没过多久就睡着了。

小冰的这个学习状态让他根本无法掌握知识，因此他在考试时的成绩完全没有起色。眼看就要中考了，家长很为他着急，可是不知道应该如何帮助他。

例子中的小冰就是一个学习态度很不端正的孩子，他在学习时不懂得坚持，不能够吃苦，经常做一会儿作业之后就做不下去了。他对自己的要求也很低，总是认为学一会儿就可以了，累了就能歇着了。他这样的学习态度直接影响了他的学习成绩。

学习态度对孩子学习的影响是很大的：首先，学习态度决定着孩子的学习效率与学习效果，没有良好的学习态度就无法取得理想的成绩；其次，学习态度影响孩子在学习时的忍耐力，如果孩子的学习态度不端正，他就无法持之以恒地学习；最后，学习态度也影响孩子在学习方面的行为能力以及学习兴趣。

综上所述，良好的学习状态是提高孩子学习成绩的关键因素。因此，家长要帮助孩子端正学习态度，从而提高孩子的学习成绩。

学习态度是孩子对学习的一种看法。如果孩子在学习时没有明确的目标，那么他就没有坚持下去的动力，就会在学习上出现迷茫的状态，影响学习的效率。因此，家长要帮助孩子明确学习目标，让孩子有目的地学习，这样才能提高成绩。

学习目标并不一定是什么大的理想与抱负，它可以是让孩子在短时间内完成的任务，也可以是需要长时间坚持的目标。家长要把这两种目标结合在一起，然后合理地帮助孩子设定目标，才能让孩子的学习态度更加端正，不至于出现眼高手低的情况。

制定学习计划是帮助孩子提高学习成绩的有效方法、让孩子通过学习计划来完成学习任务的过程，就是帮助孩子锻炼学习心态的过程，从而端正孩子的学习态度。所以，家长要让孩子学会制定学习计划，让孩子持之以恒、有条理地学习，这样做会提高他的学习成绩，并且有助于孩子总结出一套适合自己的学习方式。

学习计划能帮助孩子有效地完成短期目标。孩子在制定计划时，要量力而行，不能急于求成。否则就会出现经常无法完成计划的情况，从而影响孩子的自信心和对学习的态度。当他能很好地完成简单的计划之后，再加大任务量，让他循序渐进地端正学习态度。

学习并不是一件很轻松的事情，需要孩子拥有勇于坚持、敢于吃苦的精神。家长要注意这一点，端正孩子的学习态度。

坚持学习也不是一件急于求成的事情，它同样需要一个循序渐进的过程。在刚开始时，家长可以让孩子学一会儿，然后慢慢地增加学习时间，从而提高孩子学习的耐久度。当孩子在学习时能坚持不出现烦躁的情绪时，就说明他的学习态度已经端正了。这样，孩子在学习时就能更加从容，成绩也会随之提高。

好习惯需要在好氛围中培养

环境对孩子的成长有很大的影响作用，俗话说：“近朱者赤，近墨者黑。”就是这个道理。古代有“孟母三迁”的著名典故，说的就是孟母为了给孩子创造一个良好的学习环境，把自己的家搬了三次。孟子也因此饱读诗书，成了一代伟人。倘若孟母没有这么做，就很可能让孟子受周围不良环境的影响而无法读书。由此可见，学习环境对孩子人生的影响是多么重要。

良好的学习氛围能增强孩子求知的欲望，让孩子更加乐于学习，并且对其充满了兴趣与信心。当孩子学累了，或者出现厌学心理时，也会因此缓解自己的情绪，尽快恢复到良好的学习状态。当然，学习环境不可能都是良好的，还会有很多较差的学习环境。当孩子在这种环境中学习时，对他不利的影响是不可忽视的，不良的学习环境对孩子的影响有可能会超过良好环境对他的影响，因此，家长要格外重视。

小迪是个喜欢学习的孩子。她有自己的作息时间，每天都能按时完成作业，并且预习和复习学习内容。家长因此对小迪的学习很放心，就不再过多地督促她的学习了。

由于爸爸工作的原因，一家人搬到了一个新的地方。这里的环境没有之前那个家理想，她的房间很简陋，没有写字台，也没有书架，她学习的座位也很不舒服。这样的状况对她学习时的心态影响很大。

不仅如此，小迪所在的小区特别乱，每天晚上在楼下都有很多小孩在那嘻嘻哈哈地玩耍着。家里的隔音效果很不好，小迪每天在学习时，都会被这些声音吵得心烦意乱，根本没有心情学习。

这样的情况过了一段时间之后，小迪对这个学习环境产生了厌烦心理，并且在每次学习时都无法像以前那样集中精神。小迪的爸爸每天忙于工作，没有时间督促她学习。妈妈虽然能叮嘱她几句，可是也不能专心陪她学习。经过家长的商量，决定让小迪住校，以便给她创造一个良好的学习环境。

很快，小迪就办了住校手续，她对这里的生活也充满了向往。这里的环境的确比家里好，没有了喧哗与吵闹，所有人都能一起学习，这让小迪感觉很欣慰。可是，这样的状态还没过多久，就发生了变化。

学校的宿舍里，不仅有很多喜欢学习的同学，也有很多贪玩的同学。这些同学对小迪的影响要比在家里那个嘈杂环境的影响大得多。小迪受到这些不爱学习的孩子的影响，自己也变得没有以前那么积极了。

在考试中，小迪的成绩下降得很快。可是，无论她怎样着急，她都无法静下心来学习，无法抑制自己不想学习的心理。家长知道了小迪的情况之后，就把她接回了家里，决心要给孩子创造一个良好的学习环境。

例子中的小迪原本是个自制力比较强的孩子，她在学习时不用家长过多的操心，并且能坚持每天按时完成学习任务。可是，当她搬家之后，她的学习状态就大不如从前了。新的学习环境比之前的环境要差很多，影响了她学习时的心态。

由此可见，不良的学习环境对孩子的影响是很大的，家长要及时发现这个问题，从而帮助孩子营造一个良好的学习氛围，尽量不要因为不良的学习环境给孩子的学习成绩带来影响。创造好的学习环境包括以下两方面：

首先，帮孩子创造一个良好的物质环境。

现在孩子的学习任务比较繁重，有很多孩子也因此而出现厌学的情况。这时，学习环境对孩子的影响尤为重要。良好的学习环境能让孩子的心情舒畅，他才能用良好的心态去面对学习，否则就可能会因为环境问题而出现厌学的心理。

其次，给孩子营造一个良好的非物质环境。

孩子的学习环境分为非物质环境与物质环境两种，以上讲的是物质环境对孩子的影响，下面给家长说几条非物质环境对孩子的影响。物质环境是外在的因素，如果孩子有较强的自控能力或者坚强的意志，那么他就能适应不良的物质环境。但是，非物质环境就没那么简单了，不良的非物质环境会使孩子心烦意乱，严重影响孩子的学习与生活。

家长要尽量让孩子开心地学习，让孩子的生活更加轻松、更加多彩。比如，家长可以利用孩子的假期带他去旅游或者是吃东西等，帮他放松心情。这样能使他紧绷的学习状态得以放松，更有助于提高孩子的学习成绩。

“学习型父母”更易激发孩子的学习兴趣

黄露是一名三年级的学生，他的父母都在外企上班。虽然父母都很重视黄露的学习，但因为工作繁忙，他们平时根本没有时间陪伴黄露，也很少带他出去玩。前几年黄露的妈妈只是公司的主管，晚上还能帮他辅导功课，几个月前妈妈被提升为经理，每天忙得脚不沾地。一家三口每天只有在晚上和早上吃饭的时候才能说上几句话。

有时候遇到父母都需要加班的时候，黄露放学回家后就得自己吃些剩菜剩饭，再做作业、洗漱，然后一边看电视一边等爸爸妈妈回家。后来，父母经常加班，黄露就适应了自己一个人吃晚饭、一个人做作业、自己先睡觉的生活。后来在同学的影响下，黄露迷上了网络游戏，爸爸妈妈回来得又很晚，不知道黄露经常打游戏打到十一二点，通常他都是在父母回来之前刚刚睡下。就这样，黄露的学习越来越不在状态，经常在上课时打瞌睡，甚至干脆旷课出去到网吧打游戏。

在期末考试中，黄露考得一塌糊涂。当他把成绩单拿给妈妈时，妈妈惊讶地问：“你怎么会变成倒数十几名的？”黄露一句话也不说。他的父母通过老师的描述才知道孩子迷上了网络游戏。妈妈十分后悔没有及时发现孩子的问题，没有花时间好好管孩子。

上文事例中的黄露的父母因为工作繁忙，顾不上关心孩子的学习，忽视了对孩子的教育，导致其成绩急速下降，还养成了不良的生活习惯。在现实生活中有很多父母都和黄露的父母一样，虽然都希望自己的孩子能出人头地、过得比自己更幸福，却因为种种原因没能对孩子进行正确的教育。很多家长都把孩子的学习问题完全交给学校和老师，经常对老师说“老师，孩子在家从不学习，一点儿都不听我的话，他的学习就得靠您来督促了”或“老师，孩子就交给您了，您说的话最管用，孩子在家什么都不告诉我”这样的话。

现在的孩子是物质生活极其丰富的一代，他们从很小的时候就开始接触肯德基、麦当劳，很早就开始玩电脑、用手机。他们每天都会面对不同的新鲜事物的诱惑，生活中又有太多的选择，很难做到专心学习。

孩子进入小学后，家长明显比从前更加关注孩子的学习，对他们提出了更高的要求。但是小学阶段孩子的学习不再仅仅是他们自己的事情，也会受到家庭环境的影响，和父母的教育方式息息相关。面对孩子进入小学后的复杂变化，家长不能把孩子完全推给学校和老师，毕竟孩子最熟悉和最信任的人是父母。家长要尽快帮助孩子适应这种变化，为他们小学阶段的学习营造良好的氛围与环境，并提供适当的家庭学习方法。下面列出了一些陪伴孩子度过小学时光、帮孩子在学业上取得成功的建议，供家长参考：

首先，父母要注意培养孩子良好的学习习惯。

家长在让孩子吃好、住好、生活好的同时，帮助孩子养成良好的学习习惯，比如：每学期开学之初，家长应该和孩子一起坐下来，从孩子的实际出发，与孩子详细讨论一些话题，包括这学期的目标是什么，应该怎样度过，对于每周固定的空余时间应该怎样安排，这学期的课程中有哪些是难点，怎样安排每天的预习、复习等。这样才能帮助孩子在学期之初就形成文字的计划。在此后的学习过程中，可以不定时地检查孩子计划的完成情况，及时地根据学习的情况调整计划。很多孩子进入小学以后，很难找到适合自己的学习方法，这时候家长可以帮助孩子整理参考书、试卷，帮助孩子分类、归纳、总结。这项工作不是家长买两个文件夹让孩子自己去弄就可以了，而是要和孩子一起对每一本书、每一份试卷进行整理。在整理试卷时可以分析这份试卷的问题所在，标出孩子需要注意的地方以备复习的时候看。这样孩子就可以在和父母共同“工作”的氛围中积累很多的经验教训，掌握适合自己的学习方法，养成良好的学习习惯，孩子的学业自然而然会取得不错的成绩。

其次，做爱学习的父母。

父母对待学习的积极态度能够在很大程度上激起孩子的学习热情。家庭氛围对于小学生而言是非常重要的。如果父母沉迷于打麻将，孩子也不会对学习产生浓厚的兴趣。要想让孩子学习进步，父母就需要先提高自己的修养。因此，父母要尽量做“学习型父母”，热爱读书，善于发现问题，并能够从书本中找到答案，做孩子无声的榜样。

第四章　父母爱研究，孩子创新能力强

创新能力从培养孩子的好奇心开始

有媒体曾报道过这样一件事：2007年底我国首次月球探测工程圆满成功后，某小学老师组织学生们观看相关的电视专题报道，当时记者采访了这些学生。

记者随机采访其中一位小学生："假如你登上了月球，你会做什么？"

这名学生回答说："我会好好学习。"

这个回答让许多人觉得悲凉。后来，有不少人感叹，如今的孩子越来越缺乏好奇心和想象力了。

好奇心是孩子的天性，它往往蕴藏着巨大的潜能，是孩子勇于探索、敢于创新的动力。英国哲学家培根曾说过，好奇心是孩子智慧的嫩芽。孩子对世界的认识是从好奇开始的，强烈的好奇心不仅增强了其求知欲，也促进了其创造性思维和想象力的形成。

自称“科学顽童”的理查德·菲利普斯·费曼是诺贝尔物理学奖得主。他自幼充满好奇心，从十一二岁起就在家里设立了自己的实验室，在那里做马达、光电管等玩意，还用显微镜观察各种有趣的动植物。

一次，为了弄清蚂蚁是怎样觅食、怎样互相通报食物来源等问题，费曼几乎废寝忘食，在他的小实验室里待了很长时间。他将一些糖放在实验室的某个角落，然后放出蚂蚁，看它们需要多长时间能找到那些糖，找到之后会如何让同伴知晓。在这个过程中，费曼还拿彩笔画下蚂蚁爬行的路线，因为他很好奇蚂蚁爬行的路线究竟是直的还是弯的。

正是这种好奇心和为了满足好奇心进行的实践活动，极大地锻炼了费曼的创造性思维和想象力，为他在科学领域取得卓越成就奠定了坚实的基础。

好奇心的作用不仅仅在于锻炼创新思维和想象力，它还能训练孩子正确的判断及决策能力，能培养其责任心和自主能力，另外还能提升孩子对事物的观察力、敏锐度等。总之，在孩子成长的过程中，家长注意培养其好奇心是非常必要的。

著名的教育家、思想家陶行知先生也曾提出对孩子的“六个解放”，即解放他们的嘴，解放他们的双手，解放他们的大脑，解放他们的时间，解放他们的空间，最大限度地解放其好奇心。那么，在生活中，家长到底该如何让孩子保持强烈的好奇心呢?

首先，鼓励孩子大胆提问，允许孩子提“傻”问题。

生活中常常会有许多新奇的事物吸引着孩子，也会有各种各样的问题困扰着他们。这时，求知欲强烈的孩子总想将事情问个水落石出。比如，在雷雨天，孩子可能会问爸爸妈妈，为什么先看到闪电后听到雷声？早上起床时，有些年龄较小的孩子可能会问，为什么早上看到太阳而晚上看到星星、人为什么要穿鞋、为什么晚上睡觉而不是早上睡，等等。

遇到这样的情况，家长应对孩子大胆提问的行为表示肯定，而不是因失去耐心而敷衍了事或厉声呵斥。很多时候，家长一句“别再问了，烦不烦”之类的话，会导致孩子今后羞于启齿，扼杀他的好奇心与想象力。

所以，在平时的生活中，家长要鼓励孩子细心观察周围的事物，多思考、多提问。在孩子提出一些看似很傻、很幼稚或荒诞离奇的问题时，家长不应讥笑、责备他，而是应该努力作答。有些问题若真的难以解释，家长可鼓励孩子自己动手查资料或亲自实践。

其次，提供孩子感兴趣的绘本、书籍。

就读于某知名高校生物专业的小易，从小就对昆虫有强烈的好奇心。上小学三年级时，小易常常在课堂上走神，不知他从哪里弄来一只昆虫，观察得津津有味。下课后，同学们叫他出去玩儿，他却仍然趴在课桌前看那只昆虫。

后来，爸爸知道了此事，他并没有责骂小易，因为他发现小易真的很喜欢昆虫。于是，爸爸给小易买了很多与昆虫有关的书籍，小易高兴极了。同时，爸爸告诉小易，如果将来想好好研究昆虫，现在就要先好好学习。

打那以后，在爸爸的支持下，小易一边努力学习，一边保持着对昆虫世界的好奇心。终于，高中毕业后，他以优异的成绩考入了理想的大学，并选择了自己最喜欢的专业。

生活中，家长应时刻注意保护孩子的好奇心，通过购买与其兴趣相关的书籍、绘本或影音制品等积极支持孩子进行不断的探索与创新的活动。

最后，给孩子提供一些可自由创作的素材。

大多数情况下，孩子会对与玩乐有关的事物比较感兴趣，但很多有固定玩法、特别设计的玩具，孩子们可能经常玩，渐渐地对其失去了兴趣。这时，家长可以给孩子提供一些可供自由创作、自由设计的材料，如水、黏土、盒子、瓶子或其他手工制作材料，不要告诉孩子该怎么玩、要拿这些东西做成什么，而是让孩子自己去设计。

多听、多看，陪孩子一起观察世界

敏锐的观察力，是孩子创造力的源泉，对其今后的智力发展起到十分重要的作用。心理学家认为，观察是智力活动的基础，也是一个人生活中所必需的能力。生活中，人们评价一个人的智力水平时常用“聪明”或“不聪明”两个词，而聪明的意思是耳聪目明。由此也可看出，以感知为基础的观察力，是孩子聪明的基础，即让孩子多看、多听、多接触各种事物，积累丰富的知识与经验，他才能在遇到难题时更好地发挥自己的聪明才智。

发明蒸汽机的瓦特，小时候虽家境贫寒，却十分聪明好学。他曾在一家钟表店当学徒，从那时起，他就时常在店里仔细观察、研究各种仪器。

后来，瓦特在一所大学里开了一家修理仪器的小店。一天，他接到了修理一台纽科门蒸汽机的任务。起初，他修好了这台机器，却发现它工作起来很吃力，像个快要喘不过气来的老人。于是，瓦特想将其改进一下。在他的不断努力下，两年后，改造工作基本完成。可当他点火试机的时候，才发现汽缸到处漏气。他想尽办法要解决这个问题，每天都打起十二分精神，一遍又一遍地仔细检查机器。

一天，他趴到汽缸前观察漏气原因，突然有一股热气冲出，他来不及躲闪，肩膀被蒸汽烫得红肿。即使如此，他仍然没有放弃。很快，他又回到实验室，一边查阅资料，一边继续认真观察、检测汽缸。

终于有一天，瓦特的灵感来了。而这份灵感，同样源于他的认真观察。那天，他一边喝茶，一边看着炉子上的那把水壶，发现壶盖一动一动的。他看看水壶，又看看自己手里的杯子，突然灵机一动：“茶水要是变凉，可以倒在杯子里；蒸汽要是变冷，可以把它从汽缸中‘倒’出来啊！”就这样，瓦特设计出了一个和汽缸分开的冷凝器，解决了漏气问题，世界上第一台真正的蒸汽机也随之诞生。

瓦特正是因为善于观察，才将一台“行将就木”的机器改造成真正意义上的蒸汽机。英国生物学家达尔文也曾说过：“我既没有突出的理解力，也没有过人的机智。只是在觉察那些稍纵即逝的事物并对其进行精细观察的能力上，我可能在众人之上。”可见，离开了观察，一切科学研究、发明创造，或许都只是空谈。

所以，作为家长，要培养孩子的创新能力，首先就应训练其观察力，让他耳聪目明。

孩子的眼睛、鼻子、嘴巴、耳朵等器官的健康发育，是其感知的物质基础。所以，平时生活中，家长要注意保护孩子的这些器官，并创造机会刺激各项器官的发育，如让孩子多看美丽的图画、多听动人的音乐、多开口说话或唱歌等。

一般来说，孩子比较喜欢观察活的、动的物体，而不喜欢观察静止不动的东西，比如喜欢看小狗奔跑、小金鱼游泳等；孩子还喜欢观察色彩鲜艳的东西，如满园鲜花、开屏的孔雀等；喜欢观察大而清晰或位置明显的物体，如挂在墙上的书画、摆在桌上的艺术品、穿在身上的服饰等。

因此，家长在训练孩子观察力的时候，可以先让孩子关注这些他们比较感兴趣的事物，慢慢激发孩子观察的欲望。

发现新事物，“打开”孩子的想象力

有位教育专家曾到某小学进行教学交流。在一个班级做调查时，他发现班里学生的绘画技巧都非常高，老师布置的美术作业，学生们都画得栩栩如生。后来，这位教育专家又让学生们每人画一幅卡通画。结果，大多数学生画出的卡通形象是相同的，就是一只“机器猫”。

他很奇怪，不知道为什么这些学生如此默契，不约而同地画了“机器猫”。但经过仔细观察，他发现教室的一个窗台上摆着某个学生的“机器猫”笔筒，其他学生正是照着这个笔筒来描绘的。于是，这位专家让学生将“机器猫”笔筒收进书包里，然后要求所有同学发挥自己的想象，再画一幅与“机器猫”不同的卡通画。

然而，半个多小时过去了，好多学生的画纸上还是一片空白。这下他们真犯愁了，一直在苦思冥想，却无从下笔。最后，教育专家只好将卡通画留作学生们的课后作业。

如今，许多孩子缺乏的不是学习的能力，而是丰富的想象力和创新意识。爱因斯坦曾说过：“想象力比知识更重要，因为知识是有限的，而想象力概括着世界的一切，推动着社会的进步，且是知识进化的源泉。”

对孩子而言，想象力直接影响着他的创造能力。任何一个孩子来到这个世上，都或多或少地拥有想象的天分。瑞士心理学家皮亚杰和奥地利心理学家弗洛伊德都认为，除非是白痴，否则每个儿童都有不同程度的想象力。可是，在传统的教育观念和机制的影响下，越来越多的孩子受到了各种条条框框的束缚，正渐渐失去想象的机会与兴趣。

孩子的想象力中蕴含着他的希望和灵感，这不仅会引导其发现新的事物，而且会激励他更加努力奋进，为自己的未来之路做更好的铺垫。可见，孩子缺乏想象力，对自己是有百害而无一利的。所以，家长作为孩子的第一任老师，就该想尽办法给孩子插上想象的翅膀，而不是用条条框框束缚他。

大多数孩子小时候都喜欢听故事，也喜欢编故事、讲故事给别人听。家长抓住这个机会，不仅能锻炼孩子的语言表达能力或写作能力，还能培养其想象力。

平时生活中，家长可以经常引导孩子按照某个主题去编故事，然后让他将编好的故事讲给其他人听，或用笔记录下来并不断修改。而在孩子讲故事的过程中，家长要适时对其进行口头鼓励和表扬，增强他的自信心。

一天，杨女士发现7岁的女儿情绪低落，根本没心思好好做作业。于是，杨女士对女儿说：“宝贝儿，我们来做个小游戏，放松一下怎么样？”

一听做游戏，女儿立马舒展眉头，高兴地说：“好啊！妈妈，我们做什么游戏？”

杨女士一边拿起笔在白纸上画了五个圆，一边对女儿说：“你能在这些圆上加些笔画，让它变成其他东西吗？”

女儿想了想，然后提笔画起来。几分钟后，原来的五个圆都变了样。

杨女士一一指着女儿添过笔画的图形问是什么东西，女儿回答道：“这个圆下加一竖，是气球；这个圆下加一横，是太阳从地平线上升起了；这个圆中画一个正方形，是铜钱；这个中间有一个点，还有两条直线，是钟表；还有这个画了很多小点点的，是芝麻烧饼。”

听了女儿的解释，杨女士笑道：“宝贝儿，你真棒！居然能有这么多独特的想法。你真是妈妈的骄傲！”

受到表扬的女儿也开心地笑起来，心情比之前好了很多。

杨女士的做法无疑是锻炼孩子想象力的一个好方法。除了让孩子自己想象来组合图形，家长还可以让孩子对一些字、词、句进行重组，鼓励孩子尽可能多地组合出一些更复杂、意思完全不同的语句或故事。

要活跃大脑的生理功能，提高孩子的想象力，家长就应时常注意帮他放松心情，调节紧张的情绪。人在睡眠的时候，大脑细胞才能很好地生长。若长期睡眠不足，身体免疫力下降，人就爱生病，这自然会影响到想象力的发挥。所以，家长帮孩子提高想象力，最好的方法之一就是督促他按时睡觉，保证充足的睡眠。

鼓励孩子做实验，激发创造热情

一艘远洋轮船在一次航行中不幸触礁，轮船沉下海底，幸存下来的一些船员拼命游到了一座小岛上。可没想到，这是一座孤岛，不仅荒无人烟，而且寸草不生，除了沙石还是沙石。这些船员不仅要忍受炎炎烈日，还要忍受饥渴，而他们活下去的希望就是下雨或过往船只经过搭救他们。

然而，一天、两天、三天……到第四天的时候，他们仍然被困在孤岛上，没有下雨，也没有人发现他们。而这时，许多船员已经支撑不下去了。

于是，一名船员在快要渴死的时候鼓起勇气，大胆喝下了岸边的海水。他再也管不了这水是苦是咸，是否能用来解渴，他要赌这最后一把。事实证明，他赢了，喝完海水后很长时间，这名船员没有出现任何不适反应，后来其他船员也忍不住喝海水维生。

终于，两天后，他们等来了救援船只。后来，科学家们对这里的海水进行了检测，发现这里有地下泉水不断翻涌上来，所以海水是可以饮用的。

如果那名船员没有大胆去尝试，那他终究会被渴死。生活中，很多人也会墨守成规，不敢对一些约定俗成的东西持任何怀疑态度，更不敢挑战权威或尝试着去突破，这往往会使自己失去许多成功的机会。尤其对成长中的孩子来说，墨守成规、惧怕挑战或不敢尝试新事物，会极大地阻碍其创新能力、自主能力的提高，对孩子的未来发展没有任何好处。

在教育孩子大胆尝试方面，美国人的方法有可取之处，他们不把孩子当孩子，而是当作可以独立自主的个体，让孩子自己尝试生活中的各种事物，就算摔倒了也不扶起来。美国人认为，如果每次孩子一摔倒，家长就立即去扶，渐渐地，孩子就会丧失自己站起来的勇气与能力。

莎士比亚说过，本来无望的事，大胆尝试，往往能成功。教育孩子的过程中，许多事情，家长和孩子都不知道它对不对、能不能成功。这时，只有让孩子大胆尝试，才有可能获得成功。那么，家长该如何让孩子大胆尝试呢?

平时生活中，家长可以鼓励孩子多搞小试验、小发明等创造性活动，让他展开自己的想象，激起创造发明的热情。而在多次尝试中，孩子哪怕只成功一次，也能从中获得不少勇气和信心。

发明“微型可控扑翼飞行器”、填补我国航空事业在该领域空白的胡铃心，从小就在父母的鼓励下大胆尝试，开始根据自己的想象动手制作。

3岁的胡铃心用积木搭过收音机、飞机，虽失败过，但父母欣赏的目光又让他一次次坚持重新来过。4岁时，他在下雨天坐在窗前的书桌旁，提笔画出自己想象中的“推雨器”。上小学后，在少年宫看到的“米格−15”飞机模型，激起了他对飞机的强烈兴趣。从此，他热衷于研究与飞机有关的各种问题，尝试着做各种飞机模型。到高中时，他已发明创造了20多件作品，其中3项还是国家专利，他自己也被评为“全国文明创造之星”。

正是因为有这样丰富的实验、发明经验，还只是个大学生的胡铃心，就能发明出让飞机像鸟儿般轻盈飞翔的“微型可控扑翼飞行器”，解决了世界航空领域的一大难题。

家长也可以让孩子平时多做些家务。与我国的孩子相比，德国孩子是十分擅长做家务的，他们早在牙牙学语时就在家长指导下做些简单的家务活，如在用餐前帮家长摆放好餐具。德国父母认为，虽然孩子还很小，许多事情都做得不够好，但经过长期锻炼，他们的动手能力就会慢慢增强。因此，在孩子成长的过程中，家长应尽早为他们提供种种尝试的机会，让他们在尝试中积累经验并不断创新。

创新需要孩子具有合作精神

爱尔兰大文豪萧伯纳曾说过：“你有一个苹果，我有一个苹果，彼此交换，每人只有一个苹果；你有一种思想，我有一种思想，彼此交换，每个人就有了两种思想。”此话是告诉人们，学会合作，就会拥有更强大的力量；在与人合作的过程中，每个人都可以借助他人的力量与智慧，实现自我超越。

关于合作，有这样两首简单的童谣：一首是“一个和尚挑水喝，两个和尚抬水喝，三个和尚没水喝”；另一首是“一只蚂蚁来搬米，搬来搬去搬不起，两只蚂蚁来搬米，身体晃来又晃去；三只蚂蚁来搬米，轻松抬着进洞里”。

第一首童谣中，三个和尚没水喝，是因为他们不懂得合作，互相推诿，各自都想坐享其成，结果没有一个和尚行动起来；而第二首童谣中的三只蚂蚁，它们团结合作，相互配合，每一只都尽力贡献自己的力量，所以最终能轻轻松松地将食物抬进洞里。

可见，许多情况下，人们要顺利完成某项任务，要获得成功，就必须寻找机会与他人合作，正所谓“众人拾柴火焰高”。

如今社会中，与人合作的能力是真正的人才必备的素质之一。可是，由于现在的孩子大多是家中的“小皇帝”“小公主”，在家长的过度呵护与溺爱下，他们做事往往以自我为中心，缺乏团队合作的精神。这使许多孩子在日益激烈的竞争中处于下风，同时渐渐地形成了孤僻、自卑、任性或骄傲自大等不良心理品质。

奥地利著名心理学家阿德勒认为，如果一个孩子未曾学会合作之道，他必定会走向孤僻之途，并产生牢固的自卑情绪，这将严重影响孩子一生的发展。

所以，为了让孩子形成健康向上的人格品质，也为了让孩子更好地立足于社会，家长从小注意培养其合作精神是十分有必要的。

要让孩子与人合作，家长首先应想办法让他真心实意地接纳别人，而不是唯我独尊，与其他人保持距离。人与人之间的合作，实际上是互相取长补短的过程。在此期间，合作的双方会互相认识到对方的强项，然后互相利用对方的优势和资源，弥补各自的不足，进而共同获得更大效益。

所以，平时生活中，家长应时常告诉孩子，每个人各有所长，也各有所短，不能因别人比自己优秀而妒忌别人，也不能因别人有一些缺点就敬而远之。家长可以通过一些小故事或自己与人合作的实际行动，让孩子明白，善于发现别人的长处，并真心实意对待他人，就能达到双赢的目的。

平时生活中，家长要给孩子提供尽可能多的合作机会。而除了陪孩子一起玩游戏，家长还可以鼓励他多参加一些容易产生合作关系的游戏活动，如与其他小朋友一起参加篮球、足球、跳绳等体育活动，或玩捉迷藏、过家家等游戏。这些活动中，既有团队之间的对抗与竞争，又有内部的协调一致，对培养孩子的合作精神大有益处。

孩子与同伴一起玩游戏或参与其他活动的过程中，往往会出现意见不统一或玩得不愉快的情况。这时，如果没有人告诉他们正确的处理方法，他们很可能会争吵起来，甚至在冲动之下大打出手。

因此，平时生活中，家长应教会孩子如何处理合作中的一些小纠纷。比如在需要分工完成某项任务时，孩子不喜欢做别人分配给自己的事，想去完成其他人的那部分任务。这时，家长可以建议他们用猜拳、抓阄等方法解决这个小麻烦，这样既公平又省时省力。

第五章　树立正确的是非观，让孩子拥有良好的道德和品行

帮助弱小，激发孩子潜意识中的“英雄梦”

俗话说，好汉护三村。这是告诉人们要学会帮助他人、扶助弱小。一个人若真心帮扶弱小，不必做出许多轰轰烈烈的事情，生活中点点滴滴的小事，往往能给他人带来更多的温暖，如对伤心人的一句简单问候与安慰、为公交车上的老人让座、对灾区人一元钱的捐助等，都能促使坚冰融化，能让许多脆弱的心变得更加坚强。

一个小女孩跟爸妈去山里野营，快到山顶的时候，她发现有只受伤的小鸟正在草丛中痛苦挣扎。于是，小女孩走上前去，轻轻抚摸着小鸟，然后让爸妈从背包中拿出小急救箱。

这时，女孩的爸爸说：“山野里受伤的小鸟多的是，你又不可能一一照顾每只小鸟，何必浪费时间管这一只呢？再说，我们带来的急救物品本来就不多，你都用到小鸟身上了，待会儿万一我们自己受伤了怎

么办？”

小女孩没有听爸爸的话，她继续请求妈妈和她一起为小鸟包扎。妈妈不忍让女儿伤心难过，便拿出急救箱帮小鸟治伤。几分钟后，受伤小鸟的情况有所好转，小女孩就让爸爸小心翼翼地将它放到一棵树上的鸟窝里。看着小鸟又能发出悦耳的叫声，小女孩十分开心，爸爸妈妈这才感觉刚才没有强烈反对女儿的行为是对的。

小女孩在自己力所能及的范围内，救下了一只受伤的小鸟。这并不是多么了不起的事，但至少她懂得为周围的弱小者尽自己的一分力。而如今的社会中，在许许多多需要帮助的“小鸟”面前，还有多少孩子诚心诚意地“予人玫瑰”？

许多孩子心中都有一个“英雄梦”，他们希望做个惩强扶弱的人，他们想受到他人尊重与敬仰。可是，在成长的过程中，有些孩子却渐渐淡忘自己的这个梦想，他们可能会虐待小动物，可能会对路边的乞丐嗤之以鼻，也可能在受灾受难者面前表现得麻木不仁……这样的孩子，又怎能得到他人的尊重与敬仰？

因此，要培养一个品行出众的孩子，家长从身边的小事入手，让孩子肩负起帮扶弱小的责任是十分必要的。至于教导孩子帮助弱小的方法，家长可选用以下几种：

首先，鼓励孩子耐心照顾小动物。

很多孩子看到路边的小猫、小狗、小兔子等十分可爱，就要求爸妈买回家。可没过几天，他们可能就会失去兴趣，把小动物丢在一边不管不顾。这时，家长可以这样告诉孩子：“小动物没人照顾很可怜，它会很伤心的。小动物和宝贝一样，都需要爸妈的关爱。现在你买了它，你就是它的家人，怎么能不管它呢？要是爸妈也不管你了，你会不会很难过呢？”家长用这样的语言引起孩子的情感共鸣，让他明白小动物和自己一样，都是弱小的、需要别人关心和照顾的生命，孩子就会继续耐心地照顾小动物。

其次，对孩子帮扶弱小的行为给予支持和鼓励。

生活中，有些家长会阻止孩子去帮助弱小，比如看到公交车上有老人站着，孩子想让座时，家长会说“别管了，会有别人让座的”“是我们先上来的，这个座位就该我们坐”等。作为家长，这样的言行不仅会打击孩子的同情心，还会对孩子造成误导，让孩子以为自己的行为原本就是错误的。久而久之，孩子的人生观、价值观都有可能出现偏差，帮助弱小不再被孩子当作有益的举动。

最后，和孩子一起做“家庭医生”的游戏。

寓教于乐，这是家长引导孩子帮扶弱小的一个有效方法。在周末或其他空闲时间里，家长可以和孩子开展“我是医生”的家庭游戏，由家长扮演需要照顾的病人，孩子充当医生。

游戏中，医生要对病人负责，要时刻注意病人的一举一动。同时，病人可以提出各种要求，让医生尽量满足。如果医生做得好，病人的病情会逐渐好转；若医生照顾得不周到，病情会持续恶化，病人可以向医生提更多要求。这时，如果孩子不乐意，家长可以告诉他：“我们是在做游戏，你刚才保证了要遵守游戏规则的，可不能反悔哦！”或者问孩子是要接受惩罚还是继续做游戏。一般情况下，孩子们都会选择继续做游戏。

当然，如果孩子在游戏中表现得很出色，将“病人”照顾得很好，家长就应给予相应的表扬或奖励，比如带孩子去游乐场玩，多给孩子一点儿自由玩耍的时间，或者给他做一桌美食等。

这样的游戏不仅可以让孩子学会许多照顾弱小的方法，还可以锻炼其耐心。而在帮助他人的过程中，孩子也能不断提高自理能力，为将来走向独立奠定基础。

父母言而有信，孩子诚实可靠

美国富豪摩根曾在1835年时，入股了纽约一家名叫伊特纳的火灾保险公司。起初，这家保险公司有不错的经济收益。但天有不测风云，伊特纳公司在开业后不久便突发一场大火灾。结果，股东们纷纷退股，可摩根先生并没有这样做。经再三考虑，他决定卖掉自己苦心经营多年的旅馆和酒店，低价收购其他股东的股份，尽可能保住所有投保客户的利益。

在摩根看来，一个商人若想谋大利，首先应该讲诚信。后来，他又通过其他融资渠道，很快偿还了投保人的保险赔偿。这时，偿还了保险金的摩根先生已濒临破产，但他并没有就此放弃，他开始刊登广告："本公司为竭力偿还保险金，从现在开始，凡光顾本公司的投保人，保险金一律增加一倍。"

连摩根自己都没有想到，广告登出第二天，全身只有5美元的摩根去伊特纳上班时，发现公司门外聚集了很多人，他们都是前来投保的客户。看到这么多“上帝”把整条大街都堵得水泄不通，摩根对公司的未来充满了希望。很快，伊特纳公司的美誉就传遍纽约城，而摩根先生不仅又买回了原来的旅馆和酒店，还净赚了几十万美元。

后来，积累了富可敌国的财富的摩根说，诚信产生了无穷的复利效果，也成就了整个摩根家族的事业。

人们常说，无诚业难立，无信事难成。的确，诚信是人生最宝贵的财富，是一个人获得他人信任和支持、并逐步走向成功的重要资本。可如今，越来越多的孩子却将诚信视若无物。

某媒体曾报道过有关“撒谎作文”的事件，大致内容是某小学四年级老师给学生布置了一篇题为《危急时刻》的作文，结果班上40多个学生，有30多个写的是自己如何与人贩子、小偷斗智斗勇。后来，这30多个学生中，有26人承认自己是瞎编的。

孩子不讲诚信，大多是从说谎开始的。心理学家研究发现，喜欢说谎的孩子，长大后往往不会信任别人，而且会变得十分敏感、多疑。可见，诚信是影响孩子一生的品质。那么，作为家长，对孩子进行诚信教育刻不容缓，千万不要让孩子用谎言堆砌自己的人生。对孩子进行诚信教育，家长可从以下方面入手：

首先，莫急于责备，先弄清孩子不诚实、不守信的原因。

孩子说谎或没有做到答应别人的事时，家长千万不要急着责备孩子，而是应该先冷静下来，心平气和地向孩子了解他这样做的原因。这样，孩子既不会受到惊吓或感到害怕，也不会抗拒与家长的交流互动。

有时，孩子说谎、不守承诺，其实并没有心怀恶意，而是害怕被责罚，或为了引起他人的注意。还有一些年龄较小的孩子，他们的道德观还不够成熟，对事物的认知能力也有限，所以常常不清楚“对”与“错”、“真”与“假”的区别，这时就难免出现说谎话、言行不一等行为。

其次，家长不能随便怀疑孩子。

有这样一个男孩，他小时候偷过东西，被同学视为异类。后来，他改过自新，不再偷任何东西。他很渴望得到信任，但仍然没有同学愿与他交往。

一次，一位著名的教育家遇到了这个男孩。了解了男孩的情况后，教育家就派他去几十公里外的一个小镇上帮他取一大笔钱。男孩简直不敢相信有人会将这么重要的任务交给他，他问如果取不回来怎么办，教育家微笑着说：“怎么可能？我相信你是个诚实的好孩子，一定能做好这件事！”

于是，获得信任的男孩飞奔向几十公里外的小镇，用最快的速度取回了那笔钱。男孩将钱交到教育家手上时，要求他再数一遍，没想到教育家却说：“不用了，你数过的肯定没问题！”

就这样，教育家用自己的信任换来了男孩的诚信，让男孩学会用诚信赢得他人的尊重与支持。平时生活中，如果家长在孩子承诺做某事后又不相信孩子，想尽办法监视孩子，那就很容易引起孩子的反感，让孩子选择用撒谎来对抗，最终导致孩子缺乏诚信。

最后，要有勇气向孩子道歉。

说谎、不守信用，这并不是孩子的“专利”，家长有时也会出现类似

的情况，如答应了要陪孩子做某事，最后却没有做到。这时，家长应放下架子，诚恳地向孩子道歉，这样孩子不仅会感觉自己是被尊重的，还会更加信任家长。

陪孩子一起做“正义天使”

8岁的男孩浩浩有一天回家后告诉爸爸：“今天小文被我们班一个大个子男生欺负了。”

“哦？怎么回事？”爸爸问。

“小文今天上学时带来一个新的文具盒，非常漂亮，还是自动的。那是小文妈妈昨天刚买给小文的，被那个大个子看上了。他非要让小文把文具盒送给他。小文不肯，他就揪住小文的衣领，想要打小文。”浩浩仔细叙述着在学校发生的这件事。

“哎呀，那可糟了！这件事你没参与吧？”爸爸着急地问。

浩浩说：“当时我就在教室里，这件事明明就是大个子男生不对，所以我就走上去制止他，不让他打小文。”

“那后来呢？那个大个子我也见过，听说是个很调皮的男孩。他没打你吧？”爸爸捏着把汗问。

“没有。刚开始他继续揪住小文的衣领，还说我要是再多管闲事就揍我。但我看进教室的同学越来越多，就喊他们一起制止大个子男生。

后来我们二三十个同学一起帮小文说话，他才没敢动手。”浩浩认真地说。

“哦，那就好。不过，以后这种事你最好不要管，免得连累自己，知道吗？还有，从明天开始，你上学、放学的时候都要跟同学一起走，小心大个子会报复你！”爸爸擦了擦手心的汗说。

这位爸爸看似在关心孩子，实际上是在拔除孩子心中正义感的嫩芽。八九岁的孩子，他们的正义感是以直接的方式表达出来的，且正处在萌芽状态。这时，如果家长经常教孩子忍气吞声或事不关己高高挂起，久而久之，孩子心中的正义感会逐渐消失。

然而，一个人心中的正义之声，会提醒自己做正确的事。很多时候，家长想尽办法让孩子远离一切有失公平、正义的事，让孩子远离是非、丑恶，以为这样是在保护孩子，是让孩子获得更多、更公正的待遇。殊不知，这是在掩耳盗铃，因为孩子总有走向社会的一天，也终有接触社会阴暗面的时刻。若家长从小把孩子锁在“保护之门”里，将来步入社会后，他又如何独自应对种种不公正之事呢？

许多家长让孩子少管闲事，是因为担心孩子在事件中受到伤害或事后遭报复。为避免这种情况发生，家长在鼓励孩子坚持正义时，应教给孩子一些指正他人错误言行的技巧，让孩子在不得罪对方的同时还能维持正义、主持公道。

一个小男孩看到邻居家的小妹妹被一个姐姐欺负，他二话没说，气冲冲地走上前去和那个大姐姐理论。结果，那个年龄稍大些的女孩非但没有停止欺负小妹妹，还很用力地推开小男孩。小男孩一时没站稳，摔倒在地。这时，他已自顾不暇，哪里还顾得上被欺负的小妹妹。

类似的事情，有些孩子却处理得很好，既帮同伴解了围，又让自己免于受伤害或报复，比如告诉欺负人的那个孩子：“我跟你说个秘密，他的爸爸是个警察，要是你对他不好，他叫他爸爸来抓你怎么办？”迫于家长的压力，那个欺负小朋友的孩子或许会有所收敛。

家长可以有目的地和孩子一起看有关治安、青少年问题的时事新闻，并和孩子一起讨论新闻事件，让孩子思考事件中各个人物的行为是否正确。比如，在看警察抓小偷的新闻时，家长可以让孩子思考偷东西对不对、警察抓小偷是为了什么等问题。透过自己的思考、分析，孩子会渐渐明白什么是善什么是恶，以及什么是正义、怎样做才是坚持正义。

另外，家长还可以与孩子一起欣赏一些宣扬正义的文艺作品，如电影、动画片等。很多影视作品中都塑造了维持正义、拯救世界的英雄形象，通过观看这样的片子，孩子会更加坚信正义能战胜邪恶，他们自己的正义感也会有所增强。

鼓励孩子主动与人交往，做个热情的好伙伴

韩女士的女儿小蕾是个活泼开朗的孩子，平时很喜欢和小朋友们一起玩，也十分热情好客。家里每次有客人到访，她都像个小主人一样，热情、礼貌地接待他们。

一次，韩女士接到老家的电话，说有位远房亲戚要到韩女士家暂住几日。小蕾听说这个消息后兴奋得不得了，大约是觉得又能表现一下自己了。

亲戚来韩女士家的那天，才刚走到楼下，小蕾就迫不及待地打开她们处在三楼的门，把头探出去大叫“阿姨”。但那时是冬季，室外温度很低，不一会儿，小蕾一边喊着“好冷啊”，一边把小脑袋缩了回去。过了一会儿，亲戚到了家门口，小蕾蹦蹦跳跳地迎上前去，拉着她往客厅沙发那儿走去。之后，小蕾又去厨房端来已经准备好的果盘。

晚上快要吃饭的时候，韩女士在厨房做饭，小蕾怕亲戚无聊，就主动和她说笑，还给她表演节目，又是唱歌又是跳舞，逗得亲戚很开心。韩女士见小蕾如此活泼，又热情好客，心里也很安慰。

《论语》中说：“有朋自远方来，不亦乐乎？”这也是在告诉人们，要对远道而来的客人表示欢迎，与老朋友见面很开心、很愉快。

生活中，许多孩子待人很热情，喜欢去小朋友家做客或邀请其他小朋友来自己家里玩，喜欢与客人们一起分享自己拥有的好吃的、好玩的东西，喜欢与家长的朋友亲近，向他们展示自己的才华，如唱歌、跳舞等。

与之相反，也有一些孩子会因性格内向、不善言谈等，对客人的态度冷漠，甚至排斥与家人以外的人交流。遇到这种情况，家长往往会很担忧，害怕孩子长大后无法建立良好的人际关系，甚至会担心孩子变得孤僻、自闭。“心动不如行动”，家长与其在心里暗自发愁，不如及早行动起来，培养孩子热情好客的性格。

家长首先应鼓励孩子积极与其他小朋友交往，让他们在学习、玩耍的过程中建立深厚的友谊。

在这个过程中，家长可以常带孩子去其他小朋友家串门，让孩子亲自体验别人是怎样热情待客的。时间长了，孩子便会受其影响，在家里有客人来访时，试着用最好的状态去招待客人。

另外，假如孩子在某个朋友家受到冷落，家长可趁机向孩子说明：“那个小朋友的做法是不对的，他对你的态度冷漠，你就会不喜欢他，那么别的小朋友也会不喜欢他。所以，你千万不能像他那样对待客人，否则大家也会讨厌你的。”听了这样的话，大多数孩子都会意识到热情待客的人才会得到更多人的关心、喜爱与赞赏。

带孩子走进团队，增加孩子的集体荣誉感

9岁的丁丁上小学三年级，是个比较听话的男孩，家里许多长辈都很疼他。爸爸、妈妈的同事和朋友们也都表示羡慕：“你家丁丁真乖，我的孩子要是像他那么听话就好了！”可是，家家有本难念的经，在旁人看来很乖的丁丁，也不是没有任何缺点。

自丁丁上幼儿园起，爸妈就为他没有荣誉感而发愁。刚上幼儿园的时候，老师给丁丁的评语就是没有荣誉感。那时，每个老师都说丁丁好像对什么都不在意，犯了错被批评时，他一点儿都不会难过，受到表扬时也不会兴奋。起初，丁丁的妈妈了解了这个情况后，心中还有一丝窃

喜，觉得这是好事，说明丁丁很沉稳、宠辱不惊。

然而，进入小学后，丁丁的学习成绩越来越差，他自己却毫不在乎，根本没将这当回事。有时，爸爸妈妈批评他，他也无动于衷，大有“破罐子破摔”的意思。在学校里，老师和同学们都知道他跑得快，就在校运动会召开之际动员他参加田径比赛。可他自己一点儿都不积极，还说：“班里有那么多同学，让别人参加就好了，我才没兴趣呢。”

对于缺乏荣誉感的丁丁，爸妈越来越担忧，害怕他今后对每件事都持消极、冷漠的态度。

生活中有不少像丁丁这样的孩子，他们可能对班级的事情漠不关心，可能对批评、表扬都无所谓。这样的孩子是缺乏荣誉感的，他们的人生观、价值观可能会比较消极。

荣誉感是一种积极的心理品质，也是能催人奋进、让人产生强烈责任感的一种精神力量。对孩子本人而言，荣誉感会促使他自觉主动地摒弃许多不良行为，使他保持良好的心理状态；对孩子所处的班级或其他团体而言，每个孩子的荣誉感是整个集体向前发展的动力。

所以，为了让孩子养成良好的行为习惯，让孩子将来在不同的集体中都有好的发展，家长就应从小培养孩子的荣誉感。

一天放学回家，8岁的男孩奇奇兴冲冲跑到妈妈身边说：“妈妈，今天学校举办了跳绳比赛。我们班一个女同学没有进前三名，后来她就哭了。”

奇奇完全将这件事当作笑话来说，可妈妈听后并没有和他一起笑，而是平心静气地说："孩子，这位同学是个好孩子。你应该向她学习，不应该笑话她的！"

"为什么啊？她动不动就哭，我为什么要向她学习呢？"奇奇不解地问。

妈妈拉着他的小手回答道："孩子，你想想，如果你们班拿到了比赛第一名，你高不高兴？"

奇奇点点头。妈妈继续说："那就是了。这位女同学哭，是因为她觉得自己没有帮班级争取到第一名，她这是关心班级的表现。一个关心班级的孩子，老师和同学们都会很喜欢的。"

"哦，我明白了，妈妈！那么，下次比赛要是我们班再拿不到好名次，我也哭."奇奇用手摸着小脑袋说。

听了这话，妈妈笑道："向她学习，不一定是要像她那样哭的。你可以发挥自己的专长为班级争得荣誉，比如说让学校把你画得很漂亮的图画，贴到校门口的书画作品展示墙上。"

"妈妈，我知道了，今后我一定好好练习画画，为班级争荣誉。"奇奇满怀信心地说。

培养孩子的荣誉感，家长应像奇奇妈那样多留意孩子的一言一行，要抓住机会因势利导，激发孩子的荣誉感，而不是经常用命令的口吻要求孩子做某事。

当孩子在学习或其他方面有较大进步时，家长多加鼓励，可以增强孩子的荣誉感，也会使其变得更加自信。

下 篇

13 ～ 16 岁是孩子形成自我的关键期

第一章 良好的沟通让孩子顺利度过青春期

抽出一点儿时间，听孩子说说心里话

在激烈的竞争下，很多家长不得不全身心投入到工作中，经常顾不上和孩子交流。这些父母知道自己的做法不对，等到想起来要和孩子亲近亲近时，孩子却是一副爱搭不理的样子，为此他们也很纠结。

还有的父母因为工作忙碌而不在意和孩子的交流，面对孩子的提问，他们不是训斥就是表现出一副不耐烦的样子。这些父母没有意识到，这样的行为会给孩子带来很大的伤害。因为被拒绝的次数多了，孩子就开始疏远父母，心里话自然也不愿意同父母分享，性格越来越孤僻。有的家长还会觉得是孩子不可理喻，其实，孩子都是无辜的，如果父母能够抽出一点时间来陪陪孩子，多和孩子沟通一下，孩子就不会变成这个样子。

文佳是个“小神童”，脑子里全是学问，很多连大人都不知道的生活常识她都懂。而且她从来都没有在考试上失过手，成绩总是名列前茅。

很多家长都十分羡慕文佳的爸爸妈妈，经常问他们：“你们是怎么教育孩子的，为什么文佳这么优秀啊？”

文佳妈妈笑着回答道：“我们的工作都很忙，根本没有时间教育她。她是在书堆里长大的，可能是书读得多了，了解的知识自然也就多了，所以成绩才那么好。”

“原来这么简单啊！”很多人不太相信她说的话，可仔细想想也挺有道理的，因为很多名人都是在书堆里长大的，于是他们都想在自己孩子身上试一试。

被大家称赞为会教育孩子的父母，文佳的爸爸妈妈很得意。不过，他们也有十分苦恼的事情，这件事情依然和教育孩子有关。

“女儿，你最近都看了什么书，能告诉妈妈吗？”有一天，妈妈下班回家想和文佳谈谈心、聊聊天，正好看见文佳正在看书，便问了一句。

令她失望的是，文佳连头都没有抬，只是漠然地回答：“我新买的书，刚开始看。”

“哦。”妈妈觉得有点尴尬，便给自己倒了一杯水，假装慢慢喝着。

女儿虽然很聪明，但很不愿意和父母沟通。从文佳8岁开始，爸爸妈妈就再也没听到过她的心里话了。虽然在外面被很多父母的羡慕，但文佳的妈妈知道，自己的教育工作其实十分失败。

“女儿，今天学校有什么有趣的事情吗？”妈妈重新打起精神，和蔼可亲地看着正在看书的文佳。

文佳扬起头，想了想，说：“没什么，就是听课，做笔记，没什么特别的事情。”文佳还是没有要和妈妈聊天的欲望。

妈妈不想听到这样的答案，于是接着问道：“比如，有没有什么活动啊，老师说了几句有趣的话啊，或者你有了什么新的想法啊，都可以和妈妈说说。”

“妈妈，你今天是怎么啦？有点怪怪的。”文佳终于发现了妈妈有些不对劲了，疑惑地看了她几眼，然后拿起书本，继续埋头看。

被女儿冷冷地看了几眼后，妈妈也觉得自己有点儿怪怪的，心里很不是滋味。

故事中的妈妈平时工作很忙，没有时间和孩子沟通，于是便把孩子“丢”进了书堆。虽然书籍让孩子增长了不少知识，却也让她慢慢和父母疏远了；虽然父母很希望能够和她谈谈心，但无论父母说什么，她都很冷漠，根本没有要和父母谈心的欲望。由此可知，父母长期不和孩子沟通，会对孩子的成长非常不利，导致孩子出现消极情绪、孤僻性格，而且还有可能影响到孩子的人生观、价值观。

面对冷漠的孩子，很多家长都发愁：“我该怎么拯救我的孩子呢，现在会不会太晚了？”正所谓“亡羊补牢，为时未晚”，只要家长意识到了这个错误，及时采取行动，多和孩子沟通，总会帮助孩子走出孤独的角落。

其实，几乎每个孩子都十分渴望有朋友的陪伴。现在的孩子课余时间很少，放学后还要被困在家里学习，这不免让他们觉得孤单，时间长了孩子的性格也会变得孤僻。所以，作为家长，在工作之余应该多抽些时间陪陪孩子，比起玩具和零食，父母的陪伴更容易让孩子开心。

打骂孩子不如坐下来了解孩子

有的家长养育了孩子十几年，而且自认已经尽了父母应尽的义务，但是当他们坐下来认真想一想时，却发现自己并不知道孩子最喜欢吃什么、玩什么、爱好什么，也就是说根本不了解自己的孩子。我们都知道教育孩子是一项重要的任务，很多家长也都希望孩子能够成才，但是如果家长并不了解自己的孩子，那教育要从何入手呢？教育孩子首先要和孩子进行沟通，要了解孩子的性格、喜好、特长等，从而才能够因材施教，把孩子培养成栋梁之材。

今天是花蕊十二岁的生日，中午姑姑来给她庆祝生日时带了一个礼品盒。花蕊一看，高兴得不得了，笑道：“姑姑，里面是什么？”

“当然是你最喜欢的，你觉得是什么？”姑姑笑着说。

“难道是……”花蕊朝姑姑挤了挤眼。

“对，你猜对了！”姑姑拍手笑道。

花蕊赶紧打开礼品盒，里面果然是一只小狗，雪白雪白的，特别可爱。

“谢谢姑姑，这是我今天收到的最好的生日礼物，我真是太喜欢了！”花蕊高兴地抱着小狗又蹦又跳。

“你什么时候喜欢养宠物了？又费时又费力的，再说了，你连自己都照顾不好，还能照顾好它吗？”妈妈习惯性地打击了花蕊一番，但看到她顿时失色的小脸时，又心软地说：“行了行了，你养吧。只不过你自己照顾它吃喝拉撒，爸爸妈妈可不帮你，而且不要让它影响到爸爸妈妈的正常生活。”

“嗯，放心吧，谢谢妈妈。姑姑，您跟我一起来养小狗吧。”平淡且有些生分地谢过妈妈后，花蕊兴奋地跑到姑姑身边，缠着姑姑和自己一起为小狗建一个新家。

爸爸在一旁看着，心里有些不痛快，说道：“这孩子到底是谁家的啊，怎么和我们一点都不亲呢？你看看，我们还不如一只小狗呢。”

“这就要怪你们自己了。”姑姑走过来，笑着对他们说，“你们平时总是忙工作，都不愿意和花蕊说说话、谈谈心，她当然不愿意和你们亲近了。看看你们，还是花蕊的爸爸妈妈呢，连她喜欢小狗都不知道。我听花蕊说，每次她和你们说不到两句话，你们不是吼就是骂的，吓得她再也不敢随便和你们说话了。”

“呃，这个嘛……”花蕊的父母顿时哑口无言，仔细想一想，情况确实和姑姑说得差不多，看来还真是他们的问题。

大人和孩子之间闹了不愉快，家长们大多都认为这是孩子犯的错，其实恰恰相反。孩子不和家长亲近，心里的想法也不让家长知道，很大程度上是家长的教育方式不当造成的。家长们往往把孩子当作自己的私有财产，认为孩子必须要听从父母的安排，而且很少过问孩子的感受和想法。有些家长甚至用命令的口吻和孩子讲话。长期生活在这样的家庭氛围中，孩子会觉得很压抑，而且还有一种不被尊重的自卑感，从而促使他们疏远家长。

事实证明，相比“权威式”教育，和孩子成为朋友的教育方式往往更容易取得较好的教育效果。温馨平等的家庭环境能让孩子感到自己是被尊重的，自己的声音是有人听得见的，这样一来他们就会用积极的态度面对父母的教育，而且也愿意多和父母亲近。

想要让孩子和自己亲近，父母就要想办法和孩子进行沟通，了解孩子、读懂孩子的心，从而和孩子拉近距离。

张扬是个活泼开朗的男孩子，在学校非常活跃，可一回到家，立马就成了霜打的茄子，基本上不和爸爸妈妈说话。爸爸妈妈想尽了办法，依然不见效。

一天，爸爸带张扬到邻居家做客，张扬和叔叔阿姨打完招呼后就跟着他们家的小林去房间玩儿了。过了好一会儿，爸爸要回家了，他来到小林的房间叫张扬准备回家，推开门后发现两个孩子正在看动漫。爸爸走近一看，原来是《犬夜叉》，于是高兴地说：“哎呀，你们也喜欢这部动漫啊！”

两个男孩回头看见张扬的爸爸，都没有说话。

“别不理我啊！我也喜欢看动漫，我喜欢杀生丸，你们喜欢谁呀？”爸爸兴奋地问。

张扬听了高兴地回答：“我也喜欢杀生丸，小林喜欢七宝和犬夜叉！”

“哈哈，儿子，原来咱们喜欢的一样，以后咱们可以一起看动漫了。”爸爸兴冲冲地说。

“对！咱们二比一，妈妈就不能阻止了。”张扬也很兴奋。

父子俩开开心心地回家了，而且一到家就一起钻进了张扬的房间，直到晚饭时间也没出来。

“吃饭了，你们两个在里面干吗呢？”妈妈叫了几声没反应，便推门进去，发现父子俩正坐在电脑前面看动漫，而且边看边讨论，聊得很起劲儿。

“你们俩什么时候这么要好了？有说有笑一个下午了，也不知道累。”

爸爸笑着说：“这是我们男人间的小秘密，女人不要管。”

“对，男人的事情女人不能随便过问。”张扬也笑着说。

妈妈无奈地笑了笑，说：“好吧，那你们两个男人要不要吃饭啊？饭菜都快凉了。”

“儿子，你饿不饿？我好像真有点饿了。”爸爸对儿子说。

“嗯，我也饿了，吃饭去。”张扬说着就拉着妈妈和爸爸一起去客厅了。

孩子往往都乐于和别人讨论自己感兴趣的事情。当家长和孩子一起讨论共同喜欢的事物时，会给孩子带来快乐的情绪；而孩子也能感觉到父母其实没有那么不近人情，自然也就愿意多和父母交流了。故事中的张扬一开始总是故意疏远家长，后来爸爸发现他们都喜欢看同一部动漫，然后以此和儿子套近乎，慢慢改善了父子关系，和儿子成为朋友。在生活中，家长们也可以参考这个方法，找一个共同爱好作为切入点，比如一部电视剧、一个演员、一个游戏都可以，并以此慢慢和孩子培养感情，成为孩子的朋友，然后再一点点地对孩子进行深入了解，这样也有利于日后对孩子的教育。

在生活中，有的家长总是时刻端着家长的架子，动辄就命令或指责孩子，不但伤害了孩子的自尊心，还会引发孩子的逆反心理，促使孩子做出过激行为。心理学家认为，父母对待孩子的态度、教育孩子的方法对孩子的性格发展有着重要影响。所以，家长要想拉近亲子关系，就要放下家长的权威，以朋友的身份和孩子相处，不要事事以严厉的态度要求孩子。比如，孩子做错了事，家长不要不分青红皂白地对孩子一顿批评，而是要帮孩子分析出错的原因，找到解决问题的办法，和孩子一起面对。

此外，家长要尽量少说“我警告你”“你给我听着”等威胁、命令的语句，因为这种语气孩子听着会觉得刺耳，刺耳的话语孩子基本上是左耳朵进、右耳多出，起不到教育的作用。所以，家长对待孩子要用耐心和理解的态度，这样才会换来他们的尊重和认可。

为孩子营造一个快乐和谐的成长环境

在生活中，我们发现很多“问题孩子”都是出自“问题家庭”。比如单亲家庭，在缺少父爱或者母爱的情况下，孩子的性格可能出现些不良的倾向，也许比较自卑，也许比较自大等。有的家庭不和睦，父母双方经常吵架、打闹，有时还会殃及孩子，在这种环境中成长的孩子往往缺乏安全感，而且对爱的渴望非常强烈。孩子在进入社会之前，他的生活圈子就是学校和家庭，如果家长能够为孩子创造一个和谐快乐的家庭氛围，那么孩子的性格和心理健康都会有可靠的保证，学习成绩自然也不会太差。

沈岩今年上初二了，长得帅气，成绩也常常名列前茅，在老师的眼里是个大红人，在同学眼里也是个好玩伴。但是让大家有些受不了的是，他做事过于小心谨慎，从来不敢得罪任何人，一有问题就把责任往自己身上揽。

“对不起，对不起，都是我不好……”体育课上大家打球的时候，沈岩不小心把球传到了界外，他显得很不安，连连道歉，队员们在一旁笑道：“瞧，又来了，每次都这样，没有人会怪你的！”不过，沈岩也因此而被同学们称为“道歉先生”，很多同学一见到他就会说：“喂，道歉先生，今天有没有做错什么事啊？”

每次听到这话，沈岩都只是咬咬嘴唇，把委屈吞进肚子里。

一次，班主任找他谈心，对他说：“沈岩，敢于承认错误是好事，但不用过于小心翼翼的。同学们都是朋友，朋友之间说话不用总是道歉的。”

沈岩听了才轻轻点了两下头，可开口又是一句：“对不起，老师，我知道错了。”

班主任叹了口气，问他：“你怎么总是先道歉呢？你又没有犯错。”

沈岩的头低得更厉害了，犹豫了很久，才小声回答：“爸爸妈妈经常吵架，而且总是因为我，所以我觉得自己很没用。如果不道歉的话，万一爸爸妈妈不要我了，该怎么办……”

沈岩还没有说完，但班主任已经明白了，原来是家庭原因导致了沈岩这种过于小心谨慎的性格。

沈岩之所以事事小心谨慎，其实是自责心理在作祟。倘若父母的关系不融洽，孩子就会认为是自己的错，因为自己不够优秀，所以父母才会吵架，因此孩子的内心就充满了自责和危机感。为了使自己安心，孩子经常向父母道歉，于是便养成了遇事先道歉的习惯，觉得不管自己是对是错，先道歉总是没错的。长此以往，孩子的性格和心理健康就会受到很大的影响。

父母是家庭的支柱，是孩子的依靠，父母的一言一行对孩子的成长有着极大的影响力。如果父母的关系不和睦，孩子便生活在不和谐的家庭环境中。长期处在这种淡漠或者充满敌意的氛围下，孩子很容易产生恐惧感，对生存充满疑惑，对未来开始不安。孩子可能会想：“之前爸爸妈妈还很和睦，为什么现在总是吵架，是不是我做错了什么或者说错了什么，他们不喜欢我了，所以才天天吵架？”在这种深深的自责中，孩子总是进行自我贬低，潜意识中认为自己是一个不值得关爱、没有任何存在价值的人，慢慢地就会变得不自信，甚至自卑，这种性格很不利于孩子成长。

其实，再和谐的家庭也不可能没有一点儿矛盾，父母难免有心情不好的时候，吵架是很正常的事情，但是，不要让吵架给孩子带来不好的影响。家长应该有一个意识，那就是和谐的家庭氛围更能教育出优秀的孩子。

很多父母在吵架后，一时找不到发泄的对象，这时孩子刚好过来，于是便把怨气发泄在孩子身上。殊不知，父母一时口快，却在孩子的心中烙下了难以磨灭的伤痕。所以说，父母之间不论发生了什么，在孩子面前，应尽量克制自己的怒火，理智地对待孩子，甚至露一个笑容给孩子。在怒气最盛的时候，家长保持沉默，能够帮助自己克制一下情绪，还可以避免孩子受到语言上的伤害。

用幽默拉近与孩子的距离

据上海某教育机构的调查，50%以上的中小学生希望自己的父母富有幽默感。从这一数据我们可以看出，现代的孩子很渴望和父母多接触，进行无障碍的交流和沟通。但是很多父母对孩子的家庭教育都是严厉多于宽容，觉得孩子不好好管教，就难成大器。

其实，严厉的教育给孩子带来的好处并不多，而且还会产生很多弊端。过于严厉的教育，让孩子在心里对父母产生畏惧，变得不敢和父母说心里话，担心说错话后会受到批评，这样就使本来最亲近的亲子关系疏远了。还有些父母的教育方式虽然不严厉，但是对孩子的教育并不深刻，很难让孩子在和父母的沟通中受到启发和教育。而幽默型的教育不仅能给孩子带来乐趣，而且让孩子在笑声中深刻体会到教育的意义。

小然的父母属于典型的严父慈母，父亲严肃少言，母亲温和委婉。小然对爸爸从小就有些害怕，只要爸爸一皱眉，小然就会立刻思索一下自己几日来的言行，生怕有些不当招来严厉的批评。

于是，小然觉得自己和妈妈比较亲近，学校里遇到一些什么问题，小然都会跟妈妈说。对于小然犯的错，妈妈很少批评，只是告诉孩子这么做不对以及该怎么做。小然也比较听话，但是有时控制不住自己，还是偷偷地和同学去网吧。

对于小然常犯的错误，妈妈只好一再强调，如果老是不改就让爸爸教育他。这样引得小然认为妈妈“出卖”了他，就会和妈妈冷战一阵子，有些心事连妈妈也不告诉了。

像小然这样严父慈母型的家庭在生活中还是比较普遍的，很多父母也觉得这样的组合对孩子的教育比较好，可是从小然的例子可以看出，这样的组合还是有缺陷的。有的父母会觉得比较幽默的谈话方式起不到教育孩子的效果，其实，只要方法用对了，效果还是会有的，而且还很不错。

小霞是个很讨人喜欢的孩子，可就是有点儿懒，屋子乱了也不收拾，每次别人进她的房间都要躲避着她放在地上的东西。家里人为此伤透了脑筋。

一次邻居家的小美来找小霞玩。妈妈带她到小霞房间的时候，见到地上乱放的东西，妈妈微笑着说：“小美，我家小霞想考考你，看看你能不能走出她的‘山路十八弯’的迷阵。”妈妈的话让两个孩子哈哈大笑起来，而小霞的房间再也没有这么乱过。

妈妈用简单的一句玩笑，就解决了小霞的懒惰问题，没有对她不停地说教和训斥，让她很容易就接受了父母的“唠叨”。生活中人们不难发现，很多父母越是对孩子严厉，孩子就越会反抗父母，让父母不知如何是好。当父母不知如何与孩子进行良好沟通而伤透脑筋时，何不试着换一种轻松愉快的谈话方式与孩子沟通呢？比如，用幽默的方式。

父母可以把对孩子的说教换成幽默风趣的一次聊天过程。幽默的话不会让孩子产生距离感，让孩子与父母交流起来没有压迫感，而且幽默的话不仅不会让孩子产生叛逆心理，还会让孩子更愿意和父母进行交流。

最近有一部新电视剧，小欣很喜欢看。每天放学一回家，小欣匆匆写完作业后，就坐在电视前面不动了，连吃饭的时间也要守在电视旁边，每天很晚了都不睡觉。爸爸妈妈很担心这样会影响小欣的学习。

这天，小欣又早早地守在电视前面，都十点多了还没有要休息的意思。之前妈妈好几次叫她去睡觉，小欣每次都会说再等会儿。这时，爸爸模仿着电视里的人物说道："公主，时候不早了，该沐浴就寝了，千万别熬坏了身子啊！"

爸爸的话惹得小欣哈哈大笑，"爸爸，看不出来你还挺搞笑的嘛！"

爸爸仍面不改色地说道："公主，早点休息吧，不然小的没法和太后交代啊！"爸爸边说边指着妈妈的方向。

"好吧，既然这样，本公主就不为难你了。"小欣很配合地说道，然后就去睡觉了。

像小欣一样迷恋电视剧的孩子不在少数，但是像爸爸这样劝导孩子的并不多，也很少能达到这么好的效果。可见幽默的交流方式是孩子比较喜欢的。

在面对孩子的幽默言行时，父母应学会配合。有时候孩子会在家中开些小玩笑，父母最好不要漫不经心，或者对孩子说“别闹了，一边玩去”这类的话。这样会使孩子觉得父母不喜欢自己这样，以后也不会这么开玩笑了，幽默感不知不觉间被扼杀了。

小菊活泼可爱，每天放学回来，都会给大家一些小惊喜，逗得大家哈哈大笑。有一次小菊放学把同学的帽子戴回来了，爸爸给她开门时，小菊好像不认识爸爸一样，说：“叔叔要买帽子吗？很便宜哦。”

爸爸也一本正经地说：“对不起，小朋友，叔叔已经有帽子了。我在等我的女儿放学回家，你见过一个叫小菊的女孩吗？”

“那你看我像不像小菊啊？”小菊扬起脸望着爸爸。

“哎呀！这不是我家小菊吗，怎么变成卖帽子的小女孩了呢？”爸爸故作惊讶地说。父女俩的对话，让全家人都大笑不止。

和孩子像朋友一样开玩笑，会让孩子有种受尊重的感觉，而且孩子的心情也比较轻松，和父母交流起来，不会有怕被批评而不敢说话的紧张感。这是一种比较健康的交流方式。

父母也可以给孩子讲一些幽默的故事。幽默的故事可以是一些名人逸事，也可以是父母小时候的趣事。这些故事可以拉近父母与孩子的距离，让父母在和孩子沟通时，有共同的语言，一边说笑，一边就把想说的话说出来了。幽默的话语可以让父母打动孩子的心，让孩子更喜欢和父母沟通和交流。

父母会沟通，孩子才会交心

很多家长都知道要和孩子好好沟通，沟通好了才好教育孩子，但是家长大多没有掌握沟通的技巧，以至于孩子根本不领情。所谓沟通并不是简单的说话、聊天，而是有技巧地和孩子进行交流，所以话要说到点子上，说到孩子的耳朵里和心里。否则，家长的话只能是孩子的耳旁风，说过也就算了，毫无意义。

放学了，小帆垂头丧气地回到家。他一进门就刻意朝客厅看看，发现妈妈没在，于是赶紧往自己的房间跑。不巧的是，他还没有推开自己房间的门，妈妈就从厨房出来了，而且还看到了他紧张兮兮的样子。

“跑什么啊，又没有人追你？”妈妈笑着说。

“我没有跑啊，哪儿跑了……”小帆蹑手蹑脚地推开房门，然后迅速走了进去。

妈妈跟了过来，笑着说：“怎么了，有什么事瞒着我吧？”

小帆看躲不过了，只好乖乖地把试卷拿出来递给妈妈。妈妈一看，才39分，顿时就冒了火。

“你到底是怎么回事啊，就不能及格一次给我看看吗？真是个让人头疼的孩子！”妈妈用手捂住额头，没再说什么，把试卷放在他的床上，去厨房做饭了。

晚上吃饭的时候，妈妈看了看爸爸，说：“你的儿子又没有及格，都是你管教无方。”

“怎么能怪到我的头上呢，不是你一直在教育孩子吗？”爸爸无故被妈妈数落一顿，连吃饭的心情都没有了。爸爸扭过头看了看小帆，说：“你是怎么搞的？我和你妈妈的学习成绩都很好，你却经常不及格，难道是基因变异了不成？”

小帆听了顿时红了脸，低下头只顾吃饭。后来爸爸妈妈们又说了什么，他都没心思听了。

故事中的爸爸妈妈和孩子进行沟通了，但是这种效果比不沟通好不到哪里去。当孩子遇到挫折或者犯了错时，心情肯定会受到影响，这时候他们需要的是家长的安慰和鼓励。如果家长摆出一副打仗的架势，对孩子进行责备和训斥的话，只能导致孩子不愿意和家长沟通，慢慢疏远家长。

面对孩子的错误和失败，家长说话就要三思。切记语言不能过激，否则会伤害孩子的自尊心，让家长的教育起到反作用。

雪静的英语又考砸了，她很失望地拿着一张没有及格的英语试卷回了家，而且一回家就拿给了爸爸妈妈看。

“哟，雪静，你好像比上次考得好啊！”爸爸看着试卷高兴地说。

“是吗，反正都是不及格。”雪静有气无力地说。

“话可不能这么说，59分和1分能一样吗？而且你真的进步了，如果进步再大一点儿就更好了！”爸爸笑道。

“对啊，你不知道，妈妈小时候也经常不及格。但是妈妈觉得自己下次肯定比这一次考得好，然后每次进步一点儿，最后成绩就提高了。”妈妈也笑着说。

听了爸爸妈妈的话，雪静心里的不痛快很快就消失了。她决心下次一定要好好考，让爸爸妈妈高兴。

同样是面对考试不及格的孩子，雪静的父母就比小帆的父母更懂得如何与孩子进行沟通。我们常说，没有不听话的孩子，只有不会说话的父母。这句话是很有道理的。如果孩子经常把父母的话当作耳旁风，对父母的管教不屑一顾，那父母就要好好反思一下自己的说话方式了。

和孩子说话，尽量不要用命令的语气，比如“你必须”“你不能”“我不允许”等，这样的话语只会激起孩子的反抗心理。俗话说，哪里有压迫，哪里就有反抗。在家庭教育中也是这样，如果父母总是命令孩子、压制孩子，孩子的反抗情绪就会越来越高，到最后甚至会忽视父母的存在。所以，和孩子说话时要有缓和的余地，要体现家长的民主和宽容，这样孩子才愿意接受。

除此之外，父母在和孩子沟通时尽量不要一味地说教。孩子上了一天学，老师们已经灌输了太多的道理给他们，如果回到家了父母还要进行说教的话，他们就会觉得腻烦。如果父母和孩子讨论的是学校里的趣事，公司的趣闻，或者在街上看到的景象等，那么孩子就会非常感兴趣，不但乐意加入父母的讨论，还会主动说一些趣事逗父母开心。亲子之间的沟通应该多一些日常琐事的内容，少一些说教，这样才能够改善亲子关系。

第二章　父母要给予青春期孩子更多的爱与尊重

良好的亲子关系从尊重孩子的隐私开始

随着年龄的增长，每个孩子都开始拥有了自己的小秘密。他们想要摆脱父母，不再依赖父母，想要自己做一些事，做一些决定。于是，孩子开始偷偷写日记，并给抽屉上锁，逐渐地和父母之间建立屏障、产生隔阂。当父母发现孩子开始背着自己做某些事后，就会感到莫名的惊慌，并千方百计地开始阻挠，其实完全不必这样。心理学教授金伯利·肖内特认为：“青少年时期对隐私的需要超过他一生任何其他时期，甚至成年期。如果你认为隐私对你很重要，那么它对你的孩子更重要。”

其实，孩子的隐私意识越来越强，代表着孩子的独立和自尊意识正在增强。父母要了解孩子的成长特点，面对孩子细微变化不要过分敏感，要尊重孩子的隐私，不要让亲子关系变得紧张。

“爸，你进我的房间怎么也不敲门啊？”看到爸爸进来，倚在床头的孙小妹赶忙把手中的日记本藏在身后。

“怎么了，爸爸进你的屋子也要敲门啊？”爸爸一脸疑惑。

“你当然得敲门！我是女生，万一你进来时我正在换衣服多不好！”

“以前你也不这样啊。现在你回来就把门关得紧紧的，爸爸想看看你都看不到。”

“爸，我都上初中了，学习那么紧张，哪有空天天让你们看啊……”孙小妹显得有些烦躁。

“那你写作业就不能开着门写吗？刚进来我看你在藏东西啊，藏的什么让爸爸看看。”爸爸好奇地问道。

“这是人家的隐私，你别管了！还有别的事吗？没有你就出去吧，我要写作业了。”孙小妹下床把爸爸往门外推着，却让原本藏在身后的日记本暴露出来了。

“我看你鬼鬼祟祟的，一定没做什么好事！”说着，爸爸一步跨到床前拿起孙小妹的日记本。

“你不能看……”孙小妹着急地跳起来，想从爸爸的手中夺回她的日记本。

“什么东西这么隐秘？我还真得看看。”爸爸的好奇心驱使着他打开了日记本。

“你还给我……你侵犯的我的隐私！”孙小妹仍然试图从爸爸手中夺回日记本。

突然，啪的一声，日记本掉到了地上，一张男孩的照片从里面滑落出来。瞬间屋里的空气仿佛凝固了一般，父女对望一眼，仿佛都看穿了对方的心思。

孙小妹哽咽着，瞪着爸爸狠狠地说：“你是坏人！”说完便转身跑向门外。

处于青春期的孩子，无论是心理上还是生理上都或多或少存在着自己的隐私，懂得保护自己的隐私是孩子走向成熟的标志。父母要了解孩子的这一心理，不要将过多的关心变成肆无忌惮的干涉和侵犯，父母要尊重孩子的隐私，不要强行干涉。殊不知，隐私一旦被“曝光”，会对孩子的心理造成巨大的影响。

天下最难做的是父母，让孩子自由会担心孩子误入歧途；而限制和干涉太多，不经意间就会闯入孩子的“隐私地带”，容易伤害孩子的自尊，不利于孩子的身心健康。那么，父母到底应该怎么做才行呢？父母应在平时多观察孩子，了解孩子的细微变化，尊重孩子，既要给予孩子足够的自由空间，也不能放任自流、不管不顾，在充分关注孩子隐私的同时也要加以积极的引导。当父母发现孩子开始有自己的秘密时，不要伤心难过，也不要去干涉孩子，而是要尊重孩子的隐私，并教会孩子保护好自己的隐私。当孩子的隐私意识逐渐增强时，父母应当为孩子感到高兴。

尊重孩子的隐私与了解孩子的秘密并不矛盾，如果父母平时的表现足以证明对孩子的尊重，孩子自然会乐意与父母沟通和分享自己的秘密。父母需要通过恰当的方式赢得孩子的信任，要给孩子足够的个人空间，并与孩子多进行一些沟通，必要的时候父母可以把自己的秘密与孩子分享，听听孩子的意见。投桃报李，孩子便会仿照父母的做法把自己的秘密与父母分享。值得注意的是，当孩子把自己的秘密告诉父母后，父母不要因为个人原因而对孩子进行斥责，即使孩子的隐私在父母看来是不好的，父母也应该冷静下来站在孩子的角度想一想，然后加以疏导和指正。

父母如果能给孩子足够的尊重和信任，孩子也会以相同的方式回报父母，而且在相互尊重的同时，还会拉近亲子间的距离。当孩子心里再有秘密时，就会第一时间想起父母，向父母倾诉。因此，保护孩子的隐私是对孩子的尊重，而父母也会因此赢得孩子的敬重和爱戴。

孩子合理的请求父母应给予支持和满足

随着孩子年龄的增长和认知范围的扩大，孩子会向父母提出越来越多的请求。这些请求中，有些十分蛮横无理，有些则比较合理。父母应该学会判断这些请求的合理性，适当满足孩子的请求，不要在孩子发出请求时，一味地批评、斥责。

父母作为孩子的主要依赖对象，会面临来自孩子的多方面的请求。这些请求大到上天揽月，小到玩耍逛街，有些是合理的，而有些是不合理的。无论是什么样的请求，父母都应当尊重孩子、认真对待。请求合理便给予支持和满足，不合理则坚决反对并加以引导。

“妈妈，能不能让我帮你存钱？”和妈妈一起站在自动存取款机旁边的涛涛仰着头问妈妈。

“你才多大，还想学存钱？算了，长大了再学吧！”妈妈摸了摸涛涛的头发，示意他到一旁去玩儿。

“不嘛，我已经长大了！让我学存钱吧。”涛涛再次请求道。

“好吧，好吧。我教你怎么存。”妈妈很不情愿地把钱和银行卡从钱包里拿了出来，告诉涛涛怎么存钱。

“知道了，知道了！”涛涛兴奋地从妈妈手中夺过银行卡，插入存取款机中，可是卡马上被吐了出来。

“你怎么这么笨啊？刚跟你说了这一头朝里。”妈妈批评道。

“哎呀，我知道，我刚才忘了。”涛涛拿着卡辩解道，可是卡插进去后再次被吐了出来。

“你起开。”妈妈有些不耐烦地说，“正反面又弄错了，一边待着去吧，别在这儿浪费时间了！”

“再让我试一次嘛！”涛涛看着妈妈自己把卡插了进去，生气地喊道。

“这孩子怎么这么不听话，试什么试！”妈妈生气地推开涛涛的手。

“让我按按钮总行吧？”涛涛坚持道。

“你烦不烦？”妈妈彻底生气了，在涛涛头上拍了一下，迅速把钱存了进去，拖着哭闹的涛涛离开了。

孩子的请求有时并不过分，就像故事中的涛涛，他只是想试着做一些比较有意义的事情，帮助父母做一些事情。当孩子没能成功时，妈妈应当适当地去帮助和指导孩子，也可以和孩子一起来完成这件事。不可以像涛涛的妈妈那样，不管不顾地拒绝孩子的请求。其实，孩子的好奇心会转变为求知欲。如果父母满足了他们的求知欲，会让他们更能体会到学到这项技能的兴奋和喜悦，也许这次经历会成为孩子在伙伴面前长期炫耀的资本，让他们热爱学习，更加上进。如果父母采用消极的方式对待孩子好奇与探索，拒绝孩子合理请求，会让孩子感到挫败和畏惧，也会降低孩子对新鲜事物的好奇心。

俗话说，人心不足蛇吞象。人的需求是无止境的。当孩子提出各种各样请求的时候，父母应当区别对待。对于物质方面的请求，父母可以适当地拒绝；但对于合理的精神方面的请求，父母应与孩子多沟通，走进孩子的心灵，去找出这类问题的根源，从而及时修正自己的行为，使孩子的身心健康发展。

对待孩子提出的合理请求，如果父母因为某种原因暂时无法满足孩子，就要坦然告诉孩子，并鼓励孩子以后继续提出这些请求，满足孩子的求知欲。对待不合理的请求，父母可以试着站在孩子的角度去考虑请求是否合理、动机是什么，尊重孩子的人格，与孩子平等交流，坚持用爱的原则、爱的理由去拒绝。如果孩子的要求实在很不合理，父母也不要严厉地批评孩子，避免与孩子发生正面冲突，要学会“冷处理”，等孩子冷静后再沟通，这样孩子会更容易接受父母的观点。

孩子的看法，父母不要急着否定

孩子在父母遇到一些问题的时候，经常会向父母提一些建议，说一些自己的看法，很多父母却经常对孩子的意见说“不”，不让他们乱说话、乱插嘴。父母总认为孩子太小不懂事儿，很多问题跟他们解释不清楚，不如直接对他们说“不”来得容易。可是，孩子在成长的过程中，也学会了思考，学会了做事，虽然他们还有些天真和幼稚，但也是一个有思想的独立个体，他们的很多想法、观点也是经过一定的思考才说出来的。父母不应不思考孩子的话，就直接否定，这样只会在不知不觉中打击孩子的自信，为孩子的叛逆心理埋下祸根。

“妈，我觉得咱们家的墙太素净了，咱们给它装饰一下吧？”小雪盯着自己家的墙壁看了好半天，对妈妈建议道。

“你作业做完了吗，怎么有时间想这个？”妈妈一边收拾屋子一边说。

“您看啊，客厅的墙上还有几个相框，还凑合！可卧室里就几张照片，我觉得咱家缺少艺术气息！”小雪还在认真思索着。

“我看你就是闲的！我觉得这样挺好，要什么艺术气息？咱家又没人搞艺术。”妈妈白了小雪一眼，没好气地说，“你要么写作业，要么来帮我干活！”

“哎呀，妈，那我也不能一天到晚不是学习，就是干活吧？跟您越来越没法交流了！”小雪生气地站了起来。

“那你说怎么弄吧！”妈妈见女儿生气了，赶紧缓和道。

小雪见妈妈妥协了，笑着说：“这还差不多。我昨天在我同学家看到他们墙上贴了许多贴纸，特别漂亮。我都问过了，她说是在网上买的，还不贵。”

“什么？贴纸？”妈妈惊讶地喊出声来，“太小家子气了！绝对不行！”

“哎呀，不是你想的那种贴纸，现在网上卖的那种贴纸可漂亮了！”小雪赶紧解释道。

“不行不行，别瞎想了！快去学习！”妈妈有些不耐烦了。

“您没看怎么知道不行！”小雪坚持道，“我打开网页给您看看，再决定行吗？”

“我不看，收拾完就该做饭了！我跟你说不同意啊，别瞎想了，快去学习！”妈妈说完，头也不回地向厨房走去。

“以后我什么也不管了！”小雪气急败坏地跑进卧室，关上了房门。

在上面的故事中，小雪本来是好意，想装饰一下自己的家，却被妈妈几句“闲的”“太小家子气了，绝对不行”给无情地驳回了。小雪生气的不是她跟妈妈想法上的差别，而是妈妈根本就不把自己的建议当回事儿，连看都不看就否决了，这让她对自己的想法产生了怀疑，感到自尊心受到了沉重的打击。

父母一定要意识到孩子是独立的个体，他们需要来自社会的认可和他人的赏识，尤其是父母的承认和尊重。在孩子提出自己的见解和建议时，无论在父母看来是多么荒谬，这都是孩子独立思考的结果，是孩子内心成长的一个过程。父母应认真面对孩子的意见，积极地讨论，而不是不理不睬，甚至直接否定孩子的意见。如果不分青红皂白，直接予以否定，或者武断地代替孩子做决定，都是对孩子积极性的一种打压，会对孩子的内心造成伤害。这种伤害可能会导致孩子变得消极，甚至可能毁掉孩子的自信，造成孩子的性格缺陷。

那么，父母应该如何对待孩子的想法呢？

父母应该允许孩子有自己的想法。不管这些想法多么古怪，父母都要认真地听孩子讲完，并试着理解孩子的想法。只有尊重孩子与父母之间的差异，父母和孩子之间才能互相接纳。要相信孩子能够做好自己的事。许多父母不放心孩子按照自己的想法做事情，是因为害怕孩子想得不够全面，做不好事情，但这些不放心的背后其实是不相信。久而久之，就会让孩子的依赖性越来越强，独立性越来越差。如果父母相信自己的孩子能行，给予孩子必要的支持和鼓励，而不是把自己的想法强加给孩子，不仅给了孩子尊重和支持，而且也给了孩子自信的源泉。

相信孩子可以变得更加优秀

天下所有的父母对自己孩子的未来都寄予厚望，希望孩子无论在生活上还是事业上都能取得成就。于是，从孩子出生的那一刻起，父母们便开始思考一个重要的问题：如何培养一个优秀的孩子？一些父母认为教会孩子越多东西，孩子就越优秀，于是他们从孩子牙牙学语开始，就给孩子报各种辅导班。然而当孩子长大后没有达到他们的心理期望时，父母就会倍感失落，伴随着孩子的成长，各种批评指责也会越来越多。

“你，到墙角面壁思过去！”从家长会回来的妈妈一进门便对宽宽严厉呵斥道，“真是太丢人了！你还有脸哭？我教英语这么多年，自己孩子学成这样，我还有什么脸面教别人啊？”

“我讨厌英语，为什么非逼着我学英语？我将来又不出国。”宽宽委屈地问道。

“你有什么资格讨厌英语？你对得起我吗？”妈妈的眼中也闪着泪光，“从学说中文起，我就教你学英语，就是为了让你赢在起跑线上。我一辈子教英语，一辈子争强好胜，从来就没服过软！我教出的高分英语学生永远都是最多的。我花了那么多心血教你，你怎么能学成这样？上初中后你的英语成绩怎么就一直往下降？你怎么越大越不争气？你要是考不上大学，将来可怎么办啊？”妈妈苦口婆心地重复着已经说过无数遍的说辞。

“从小你就剥夺了我所有的玩耍时间，别人玩的时候你让我学习，说这样才可以进步。可是，我什么时候玩儿呀？哪个孩子小时候不玩儿呀？别人玩的玩具我从来都没有，就连同学借给我的玩具你都给我没收了！”宽宽抹着眼泪说道。

“那还不是为了你好？你那么笨、玩儿心那么重，不严格管教怎么成才？我和你爸还是大学生呢，将来你要是连个大学也考不上，让我怎么向你死去的老爸交代？”

“我就是笨，就是考不上大学！可不上大学又能怎么样？”宽宽伤心地说道。

妈妈又生气又心寒：“你要是考不上大学……我就不认你这个

儿子！”

宽宽的妈妈是当地一位知名的英语教师，由于丈夫早逝，她将生活的重心都放在唯一的儿子身上。为了让孩子早日成才，她几乎剥夺了孩子所有的玩耍时间，以便让他花更多的时间在学习上。“你本来就笨，再不花更多的时间学习成绩还能看吗？”“从小我就费尽心血培养你，你怎么这么不争气？”“你将来可怎么办啊？”这是妈妈对宽宽最常说的话。宽宽在这种消极的语言评价中被贴上了“笨”“不争气”“无望”的标签，这种心理暗示让他觉得自己一无是处，变得越来越不爱学习，越来越没有自信。

其实，宽宽让母亲越来越失望正是母亲的不信任造成的。母亲不相信孩子的智力和能力，剥夺了孩子本该快乐的童年时期；母亲不相信孩子的自律能力，才严格管教孩子，甚至剥夺了同学借给孩子的玩具；母亲不相信孩子的学习能力，才一遍遍地重复着考不上大学该如何让如何……总的来看，母亲正是由于不相信孩子，才有了这一系列的举动，从而一手造就了“不如自己”的孩子。

每个父母都望子成龙、盼女成凤，可是一旦孩子的表现不如预期那样好，父母的这种期望就被失落代替，开始怀疑孩子的能力，怀疑孩子会连自己都比不上。父母看待孩子的眼光也会发生变化，从发掘孩子的优点、特长变成挑剔孩子的缺点、毛病。在各种各样的批评和指责中，孩子果然“原形毕露”，越来越差。

爱孩子就要相信孩子，听起来很简单，做起来却很难。孩子优秀，父母必然赏识孩子，相信孩子会有一个好的未来。可是，一旦孩子的现状不尽如人意，大多数父母便会惶恐、焦虑，甚至失望。真正爱孩子，就是无论孩子有什么缺点、毛病，父母都要相信，只要假以时日，孩子一定可以解决问题，越来越好，孩子的未来一定比自己强。

信任不仅要靠说，还要靠行动表现出来

信任是人与人之间交往与沟通的最基本的因素。在家庭中，如果父母和孩子并不互相信任，那么将会产生很多矛盾，是无法顺利地生活在一起的。父母对孩子的信任会让孩子感到平等和尊重，使他们在生活中更加积极向上、勇往直前、充满自信。可是在生活中，很多父母却往往羞于表达这份信任，认为孩子可以感觉到自己的想法。其实处于成长阶段的孩子心智还不够成熟，他们往往更需要父母表达出内心的想法，有时候，只需要用一个眼神、一个微笑就可以让孩子体会到父母的信任。不过，对于比较敏感、迟钝的孩子来说，父母应勇敢地说出自己对孩子的信任，并用实际行动体现对孩子的信任。只有他们真切地得到了父母的信任，才能真正获得激励。

“爸爸，我参加市里的钢琴比赛获奖了！”儿子兴冲冲地向爸爸炫耀着自己的成绩。

“是吗？几等奖啊？”爸爸边问边翻着手中的报纸。

“三等奖！我们学校一共十几个同学参加，只有我获奖了！”儿子迫切地希望得到爸爸的认可和赞赏。

“嗯，不错。”爸爸点了点头，却没有像儿子想象中那样高兴。

“爸爸，你怎么一点儿也不高兴啊？你儿子获奖了呀！”

“高兴啊，继续努力！”爸爸的语气丝毫没有变化。

“还有，老师让我报名参加省里的钢琴比赛。那个比赛难度很大，我有点儿不自信。”

“老师都说了让你报名，你可以报名试试嘛。”爸爸看了看他，表情仍然波澜不惊。

“爸，你觉得我能行吗？”儿子用渴望的眼神望着爸爸。

“能不能行，你自己比我清楚。”爸爸不冷不热地回了一句。

“爸你是不是觉得我不行啊，看您这表情怎么这么不相信我呢？”儿子显得很失落。

“好好努力就行了啊！”爸爸还在翻着手中的报纸。

“哦……”儿子本来兴奋的心情一下变得很沉重。

在任何时候，孩子都希望能得到来自父母的信任和支持。当父母相信孩子的时候，就要大胆地告诉孩子，哪怕一句“去做吧，我相信你能行”都会让孩子感到非常愉悦，并自信地去做。孩子的成长过程需要父母的肯定，有了父母的信任，孩子才会加倍付出努力。假如父母选择沉默或冷漠地应对，孩子内心就会认为父母对自己不信任。得不到鼓励和支持的孩子自信心会受到打击，自尊心受挫，做什么事情都会变得束手束脚，无法施展自己的能力。

但是，信任孩子也要有个度，在信任的同时，还要给孩子一些鼓励和支持，这样才能让孩子在思考中学会做事。故事中的父亲也许是太信任孩子，可这么做的效果不仅不理想，甚至适得其反。父母不仅要做到言语上加油打气给孩子鼓励，还要给予行动上的鼓励，为孩子提供施展才能的机会，让孩子充分地感受到父母的信任。孩子只有真切感到父母的信任，才能在人生的道路上不断地勇敢前行，做出一番贡献。

信任孩子是离不开沟通的。沟通是亲子之间感情传递的基本保障，平时加强与孩子的沟通，才能知道孩子在想什么、喜欢什么、需要什么样的支持和肯定。只有了解了这些内容，父母才能在关键时刻以孩子喜欢、可以接受的方式表达对他们的信任，使他们真切地感觉到父母的关爱与支持。

父母要用实际行动告诉孩子自己对孩子的信任。有些父母常说："爸爸妈妈相信你！"可是一旦遇到问题，又会对孩子表示质疑，让孩子觉得自己是不被信任的。这种怀疑会在瞬间打破孩子的自信，甚至让他们怀疑父母从来没有相信过自己。要用行动表达对孩子的信任，父母不能只说"我相信你"，还要站在孩子的身边，告诉他"爸爸妈妈相信你"。即使孩子真的有错，也不能打破这种信任，而是应该告诉孩子"我相信你这么做是有原因的"。

第三章 父母的鼓励，是孩子最好的助推器

激发孩子的潜能和优势

每个孩子都像一座有待开发的宝藏，父母永远猜不到它到底蕴藏多少宝贝；孩子的潜能像一座沉睡的活火山，爆发其实只是时间的问题。遗憾的是，生活中大多数父母都忽略了孩子的优势和特长，只是一味地盯着孩子的学习成绩，认为只有学习才是正道；一些父母虽认识到了优势和特长的重要性，但只是强迫孩子沿着自己喜好的方向发展，给孩子报各种特长班，虽费尽心思，最终却是“有心栽花花不开”。法国艺术家罗丹曾说过：“生活中不缺少美，只是缺少发现。”对教育而言，应该说“孩子不缺少优点，只是父母缺少慧眼”。如果父母积极主动去发现孩子的优势和特长，并加以引导和雕琢，那么孩子的潜能必将被激发出来。

“明明，你怎么又在看电视剧呀，作业写完了吗？”妈妈进门就对正在看电视剧的明明说。

“妈，我都上初中了，老师很少留作业的。”明明目不转睛地盯着电视敷衍了一句。

“那你就预习下明天的课程嘛。电视有什么看的？去好好学习。”

“妈，我觉得今天的剧情不应该这样，来您坐下我跟您说说。”明明笑呵呵地缠着妈妈。

“我不听，都是些没用的东西，这跟你有什么关系？”妈妈冷冷地说。

“妈，您听我说，这剧本要是我写，我会让男主角……”

“唉……行了啊，有本事你写啊！”妈妈打断明明的话，不耐烦地说。

“我就是想写啊，再说我以前都改编了8个剧本了，让您看，您也不看。”明明埋怨道。

“你改100个也不如考上重点高中重要，竟干些没用的！”妈妈没好气地说。

“妈，您怎么能这样说呢？我写这些也是有用的，我作文写得好和这也有很大关系。”

“少跟我贫，你把看电视剧的时间用到学习上，也不至于这么偏科！我跟你说，以后放学先学习，不许你看电视！”妈妈命令道。

“学习好又怎么样？我就是喜欢写剧本！”明明红着脸争辩。

“学习是正业，靠你写那些破东西能养活自己啊？”

“唉……”明明摇了摇头，关掉电视回到了自己的屋里。

在教育孩子的问题上，父母很容易走入“万般皆下品，唯有读书高”的误区。他们只拿分数来衡量孩子用功与否，认为孩子只有学习成绩好才是真正的好，殊不知并不是每个孩子都适合学习。孩子都有自己擅长的方面，如果让擅长画画的孩子去学习高深的数学，或让喜欢唱歌的孩子去专攻写作，结果可想而知。作为父母应该去发现和挖掘孩子擅长的方面，练就善于发现孩子优势和特长的火眼金睛，并有针对性地加以培养，让孩子的潜能得到充分的发挥。这样，孩子终有一天会在相关领域内有所建树。

父母要有一双慧眼，善于发现孩子的优势和特长并予以放大。孩子好动、贪玩并不一定代表淘气和不务正业，未来成为体坛健将也是有可能的；孩子热衷于做某件事、破坏力强并不一定是内向和没有责任心，俨然已具备发明家的潜质；孩子爱唱歌、跳舞、胡乱涂画并不一定就是主次不分，没准就是明天的艺术家!

发现孩子的优势和特长是因材施教的前提，衡量家庭教育是否成功的标准是孩子的优势能否得到充分发挥。父母只有真正找出孩子的优势和特长所在，才能让孩子在受教育时心情愉快、积极配合，也更利于孩子充分发挥潜能，成长、成才。

每个孩子都是最棒的个体

得到鼓励是每个人最基本的心理需要，对于成长阶段的孩子来说，更是是如此。鼓励是一缕阳光，它可以照进心间、温暖每一个孩子；鼓励是一汪甘泉，它可以渗透骨髓、滋润孩子的心田。俗话说："良言一句三冬暖。"正是道出了鼓励的作用。一句鼓励的话可以催人奋进、使人进步，可能改变一个人的思想和观念，甚至改变人的命运；反过来，一句打击的话就可能毁掉一个人的自信和抱负，甚至可能毁灭一个人的未来。

"妈，我回来了！你快来看，我得奖了！"娜娜一进家门，就开心地冲妈妈喊道。

"真的呀，什么奖？"妈妈用围裙擦着湿漉漉的手，笑着从厨房走了出来。

"你看！"娜娜把证书递到妈妈面前，"是运动会百米冠军的证书。还有奖品呢！"

"哦……"妈妈的眼神一下子黯淡了下来。

"您怎么不高兴啊？这可是我拼尽全力才拿到的冠军，你不知道第二名就和我差那么一丁点儿，可险了！"娜娜虽然有些失落，仍然兴致勃勃地描述着。

"女孩子家，跑步厉害没什么用。"妈妈还是说出了自己的真实想法。

"怎么没用？"娜娜生气地说，"我们老师都表扬我了，说我为班级争光，得了冠军给班里加不少分呢！"

"给班级加分对你个人也没什么好处啊！你应该多花些心思在学习上，什么时候拿个前十名的奖项回来，妈妈就高兴了！"

"妈，您也太狭隘了吧？"娜娜越听越生气，"怎么就知道成绩啊，我跑得快不也是一种优势吗？为什么非要学习好，您才高兴？"

"学习好，将来可以上重点高中、重点大学啊！人家重点高中不会因为你跑得快录取你的！”

“不录取就不录取，有什么了不起！”娜娜一把夺过妈妈手中的证书，生气地朝房间走去。

有人说，成大事者不拘小节。但生活中，许多成大事者往往是赢在了生活细节。许多生活细节看起来微不足道，却往往是“千里之堤，毁于蚁穴”。故事中的母亲一听说女儿获奖马上停下手中的家务活儿，可见对女儿的成长十分重视，可是在得知女儿获得的是体育奖项而不是文化奖项时，一下子变得失望和失落。这深深地刺伤了女儿的内心，可能摧毁了女儿的自信，甚至毁掉了一个运动天才。

父母们要用长远的眼光来看待孩子，不能只一味盯着分数。这只是孩子成长的一个标记，而不是全部特质的代名词。每个孩子都是上天派来人间的天使，有的天使擅长算数，有的天使擅长艺术，各个天使的职责不同，他们擅长的领域也就不同。无论孩子在哪些方面做得出色，父母都应该发自内心地给予鼓励和认同。鼓励就像一种催化剂，它可以使孩子的优势迅速膨胀，使他们变得更加优秀，甚至变成某方面的专家或天才。同时，在这种优势的光环下，还可能延伸出更多的特长和更大的魅力。

所以，面对孩子的优势和特长，父母一定要敢于说出来，多多赞扬和鼓励孩子，告诉孩子他就是自己的天使，是全世界最棒的孩子。

一位著名的教育家曾经说过：“孩子需要鼓励，就如植物需要浇水一样。离开鼓励，孩子就不能生存。”这一点儿都没有夸大鼓励的力量。告诉孩子“你真棒”，为孩子的进步增加一些希望和力量，在孩子遇到困难、挫折的时候为可以他们遮风挡雨，助他们扬帆起航！

父母应鼓励孩子跌倒了再爬起来

生活中，失败是在所难免的，所谓“未曾失败的人恐怕也未曾成功过”，这句话恰恰道出了失败对成功起的积极作用。孩子由于心智发展还不成熟，经历和经验相对匮乏，相比成年人遭遇失败和挫折的机会也更大，在我们看来哪怕是微不足道的一次失败，在孩子那里就可能是一次“危机”。孩子可能并不完全具备处理危机和走出困境的能力，这就需要父母的鼓励和帮助。

暂时失败并不等于永远都不会成功，对待孩子的失败，父母不应该一味地指责和打击，更不应该埋怨和讽刺，那样只会让孩子更加痛苦和胆怯，以至再也不愿尝试。张海迪曾说过：“即使跌倒一百次，也要一百次地站起来。”当孩子跌倒时，不妨鼓励孩子“再试一次”，安慰孩子脚踏实地地继续努力，也许成功就在下一个拐弯处。

“儿子，过来帮把手，帮我拿着扳手拧住这个螺丝。”正在修自行车的爸爸招呼小强过来帮忙。

“好。”小强放下手中的作业兴致勃勃地跑过来，蹲在爸爸的身旁，“爸，不是链条掉了吗，你拧这个螺丝干吗啊？”

“这个螺丝也松了，不拧紧，链条还会掉的。”爸爸回答。

“哦，这个链条应该很好装回去吧？爸，你让我试试吧？”小强蛮有兴致地想自己动手装链条。

“这个链条油乎乎的，你还是别动了，你也装不好。”爸爸一边拧螺丝，一边说。

“没事，就让我试试嘛，感觉挺好玩的。我现在装一次，学会了以后，链条再掉，我就能自己装上了！”小强调皮地对爸爸说。

“好吧，来试试吧！”

小强先装后面的链条：“爸，这不很简单吗？”说着便去装前面的链条，可总是装不上。

“笨蛋，你应该先装前面的！”爸爸冲着小强喊道。

“哦！”小强伸着油乎乎的手，继续按照爸爸的要求去装，可还是装不上。

“不行吧？就说你笨你还要逞能！起来吧！”爸爸推开蹲在地上的小强，就要自己动手装。

“爸，你再让我试试吧！我刚要摸索出来怎么装，你就不让我装了……”小强噘着嘴说道，希望爸爸能再给他一次机会。

“你烦不烦？没本事还逞能，写你的作业去吧！”

小强耷拉着脑袋，起身走开了。

孩子在成长的过程中不可避免地会遇到各种失败和挫折，来自父母的训斥和指责不但起不到任何激励作用，反而会打击孩子的积极性，导致孩子丧失自信心，产生自卑感。严重的甚至会让孩子产生自我怀疑，畏首畏尾，从此一蹶不振。倘若父母能包容孩子的失败，帮助并指导孩子走出失败的阴影，相信孩子能做好，鼓励孩子“再试一次”，那么孩子就能坦然地面对挫折，同时也会更加积极、主动地去克服困难，进而逐渐培养出坚强的意志。

成功正是源于失败后的一次次尝试。对待遭遇挫折的孩子，父母一句“再试一次”，不仅是对孩子所做努力的肯定与认可，更是孩子接下来尝试的动力；不仅能帮助孩子克服心中的恐惧，更能让孩子产生跃跃欲试、永不服输的心理。即使孩子一次次跌倒，只要他有爬起来的勇气，就值得做父母去赞赏、去鼓励。

父母要鼓励孩子正视失败。失败并不可怕，可怕的是不敢再尝试。失败的体验越多，越能够增加孩子成功的概率。爱迪生说过：“失败也是我需要的，它和成功一样对我有价值。”所以，当孩子遭遇失败时，父母应该鼓励孩子不畏失败，勇于尝试，直至成功。

言传身教，帮助孩子树立积极健康的心态

让孩子从小与自信为伴，是父母给孩子最好的馈赠。在生活中，父母多鼓励、多激励孩子，让孩子树立起积极、健康的心态，是塑造孩子自信心的关键。可是，这种鼓励不是盲目的，鼓励孩子也需要一定的技巧。

在鼓励孩子的技巧当中，父母们用自己的亲身经历和经验来鼓舞孩子是最富有感染力的一种方式。它不仅可以拉近亲子之间的心理距离，由于这

种经历来自和自己最亲的人，所以更具有说服力，更容易打动孩子、鼓舞孩子。但是，如果这种方式运用得不恰当，也会适得其反，引起孩子的厌恶和反感。

“爸，我有道数学题不会做。您看看。”子航把作业本递到父亲面前。

“我看看……”父亲接过子航的本子，戴上眼镜仔细地分析了题意，给子航讲了讲解题方法。

“明白没有？”父亲摘掉眼镜问道。

“嗯，明白了。我之前理解错题意了。”子航挠了挠头，笑着说。

“写吧。”父亲一边看子航解题，一边忍不住问道，“你最近月考数学成绩怎么样啊？”

“还行吧！”子航边写作业边回答。

“什么叫还行？考了多少分？”

“嗯……76分。”

“多少？”父亲有些吃惊，“上次不是还考80吗？”

“题越来越难了嘛！”

“难，能有多难？我看你就是不用心。”父亲摇摇头说，“想当年，我小时候，数学成绩从来没有下过90分。”

“那您是怎么做到的？”子航问，“是不是学习很用功呀？”

“那也不是。我们以前学习可没有你们现在这么当回事儿。我们那会儿上学学习，放学还要帮家里干好多活儿。有时候我上课也不怎么听讲，但是一考试，成绩就名列前茅！”父亲自豪地说。

“爸，您吹牛吧？您要是真那么厉害，怎么没考上大学？”子航笑着问。

“我吹，我用吹吗？你可以问问你们班那个小志，他爸爸就是我同学，我的成绩他知道。我没上大学那是因为没钱。”爸爸越说越来劲。

“那您的聪明怎么没有遗传给我？”

“唉，我怎么知道？你妈也不笨啊，怎么就生了你……”父亲半开玩笑地说。

“看来我不是你们亲生的！”子航涨红了脸，拿起作业本怒气冲冲地走开了。

每个人都希望向别人展示自己美好的一面，于是我们经常可以听到许多人炫耀自己过去的辉煌战绩。父母们为了赢得孩子的尊敬或是为了激励孩子进步，也往往喜欢大谈自己曾经是多么优秀、多么了不起：“我上学的时候，门门成绩都是第一。”“我像你这么大的时候，比你强多了。”“我曾经还赢得过什么比赛。”这些曾经让自己备感光荣的历史偶尔作为茶余饭后的谈资讲给孩子未尝不可，可是如果经常拿来教育孩子，就会产生相反的效果，或是让孩子感到厌烦，或是让孩子产生“高山仰止”之感而畏缩不前。

故事中，父亲看到孩子成绩不好，就大谈自己曾经是多么优秀，为了炫耀自己的智慧，父亲不禁夸大了自己的才能，将成绩好归功为聪明。这让孩子找不到进步的动力，反而产生“我怎么这么笨”的念头。不仅没有起到鼓励孩子继续进步的作用，反而打击了孩子的自信心。

现代人都喜欢“平民英雄”，也就是说英雄离我们越近，我们奋斗的动力就越大，因为他们就在我们身边，他们可以做到的，我们也可以做到；相反，那种高高在上、可望而不可即的英雄未必能激起我们奋斗的意志，因为他们会让人产生“高山仰止”之感，既然如此又何必去效仿。所以，父母用亲身经历和经验鼓励孩子，要做到收放自如，既要给孩子奋斗的榜样和动力，又不能太过修饰和夸大，最好是多讲一些自己曾经的失败和挫折，以及如何通过自身努力去克服这些困难与挫折的，让孩子看到自己的努力和勇气。

父母可以适当地向孩子讲述自己的过去，向孩子透露自己不曾轻易示人的“内幕消息”，可以和孩子有效地沟通彼此之间的感情，拉近彼此之间的距离，让孩子做到和父母无话不谈。这不仅有助于父母更好地了解孩子，及时纠正孩子的错误，鼓励孩子进步，还为孩子提供了最亲近的榜样。研究显示，以父母为良好榜样的孩子，往往比其他孩子更容易获得成功。因为对于孩子来说，这些跟自己有着血缘关系并深深爱着自己的榜样和自己生活在一起，他们可以时时刻刻效仿榜样、激励自己，也比其他人更容易获得帮助和满足。

父母是孩子们最好的老师，他们的一言一行直接影响到孩子的身心发展。学会赏识孩子，并用最恰当的方法鼓励孩子，才会让孩子在成长的道路上扬起自信的风帆、越走越远！

给孩子适当的奖励，让鼓励实质化

奖励在每个孩子的成长过程中都起着至关重要的作用，奖励能够让孩子把理想的目标转化成外在的行为，可以让孩子在原有进步的基础上再接再厉，从而取得更加优异的成绩。当然，适当的奖励能够激发孩子的斗志，但是奖励不当往往会弄巧成拙、适得其反。例如类似“考进前十名就给你买台电脑”“做完家务奖你5元钱”等，这样的物质奖励尽管能够起到刺激孩子的作用，也可能会产生短期的效果，但长期来看却无益于孩子的成长，因为这种奖励会误导孩子的认知，使他们把奖励当作一种交易，不利于正确价值观的形成。

美国作家马克·吐温曾说过：“一句表扬能使我生活两个月。”这句话告诉我们比起物质奖励，精神奖励的效用更深刻也更持久，但奖励孩子要适当，过多的精神奖励也会使孩子骄傲自满、不思进取。所以无论是精神奖励还是物质奖励，父母都应该把握一个度。

“妈，我把衣服洗完了，你不是说要奖我10元钱吗？”小龙对正在做饭的妈妈说。

“哦，你洗的是你自己的衣服，还要跟妈妈要钱啊？”妈妈微笑着问道。

“可是你答应过我的，只要我洗完衣服，就给我钱的!”小龙觉得妈妈要耍赖，便缠着妈妈说。

“好！”妈妈便从口袋里拿出10元钱递给小龙，说，“你要是能把爸妈的衣服也洗了，就再给你10元钱。”

“妈，你说话算数不？”小龙兴奋中带着疑惑。

“当然算数，先给你也行！”妈妈坚定地说。

“那……那你先给我，我明天洗行吗？今天的作业我还没完成呢。”

“好吧，明天不许耍赖啊！答应妈妈的事一定要做到。写作业去吧。”妈妈又将10元钱给了小龙。

“那我写作业你准备给多少钱？”小龙狡猾地问妈妈。

“钱钱钱，你就知道钱，写作业没钱！”妈妈有些生气。

“没钱我就不写了。”小龙顶撞道。

“你敢！”

“我怎么不敢？您刚给的10元钱就当写作业的钱了，明天的衣服我就不用洗了啊！”说着小龙便得意地跑开了。

妈妈愣住了，面对调皮的小龙不知如何是好。

父母对孩子的奖励过于频繁，会让孩子产生“没有奖励我就不做了”“你就应该奖励”的心理。这样一来，孩子的目标就不再是单纯的进步和成绩，反而成了为了奖励而努力。长此以往，如若有一天奖励失去了物质的支撑，那么孩子也就会随之失去动力，这种奖励万万要不得。

有些父母不喜欢给予孩子奖励，认为奖励孩子会使孩子骄傲自满、会使他们养成邀功请赏的习惯，于是他们即使心里很满意孩子的行为，也不会对孩子进行表扬，不会给孩子奖励。可是成长阶段的孩子需要表扬和奖励，只有得到了表扬和奖励，孩子们才能知道什么是对的、什么是错的，从而培养出正确人生观、价值观；只有得到适当的表扬和奖励，孩子才能更好地认识自己，逐渐挖掘出自己的优势和长处。

所以，父母既不可以吝啬对于孩子的奖励，也要注意奖励的方式方法。父母在奖励孩子时除了要注意适度的原则外，以下几点也是非常重要的：

首先，要注重奖励手段的多样化和综合化。并不是所有奖励都需要以物质和金钱为依托的，精神奖励也是一种很好的奖励形式。有时，对孩子说的一句“谢谢”“你真棒”要胜过100元钱的酬劳；有时奖励孩子一些特权，如让孩子决定晚饭吃什么、周末去哪玩等也会激发孩子继续努力的斗志，这都是很有意义的奖励行为。总的来说，综合运用这些手段奖励的效果会更佳。

其次，父母对孩子奖励的承诺一定要兑现。父母激励孩子时随口许下的承诺可能只是为了让孩子高兴，但孩子已经在心中埋下了期待。如若孩子苦苦实现了目标却发现父母因为种种原因没能兑现承诺或承诺缩水，那么无疑会颠覆孩子对父母的尊敬和信任，使孩子对奖励“另眼相看”。所以，在承诺给孩子奖励时父母要慎许承诺，一旦许诺就要保证兑现。

最后，在孩子不经意处给予奖励效果会更佳。奖励应该是点缀式的，偶尔的一次奖励会起到事半功倍的效果；奖励也应该出现在孩子没有注意到的地方，孩子自己无意识形成的优点或良好习惯如果得到父母的表扬和奖励，便会得到强化。

第四章　父母应宽容对待每一个犯错的孩子

父母越生气，孩子越不听话

成长过程中的孩子，许多时候会令父母感到无可奈何、手足无措，十分头疼。上小学之前，孩子动不动就哭闹，好不容易孩子长到十几岁能自理了，却又变得十分不听话，常常和父母对着干。许多父母都曾抱怨，孩子睡着的时候，常常是憨态可掬，能够引起他们无限的欣喜与怜爱，然而一旦睁开双眼，这种平静就被打破，常常会气得他们哭笑不得，对孩子真是又爱又恨。

面对孩子的淘气和不听话，一开始父母或许还能好言相劝，但持续的时间一长，父母就会火冒三丈、怒不可遏，这种劝慰也会相应升级为批评，甚至打骂。然而，奇怪的是，父母越是生气、批评，孩子却越是无法无天，他们会在今后的生活中仍然不断地、一次次地去挑战父母的极限。

“江江，快起床，七点了。”妈妈做好了早饭，敲着江江的房门。

“哦……”江江不情愿地哼了一声。

“起来没有？七点十五分了，别磨磨蹭蹭的，一会儿要迟到了！”妈妈使劲敲了两声房门，大声说道。

“知道了……”江江慢吞吞地回答。

“宋小江，你到底起没起床？”妈妈看着时钟显示七点二十五分，生气地推开了江江的房门，“你怎么还在睡？”

“妈，我头疼，想再睡会儿。”江江睁眼看了妈妈一眼，揉着太阳穴说道。

“头疼？别装了，赶紧起床！”妈妈一把撩开江江的被子，“头疼也是因为昨天晚上玩儿手机玩儿得太晚了。”

“妈，你怎么这样啊？”江江也生气了，“说话就说话，掀我的被子干吗？”

“干吗？”妈妈指着儿子喊道，“都叫了你几遍了？不掀你的被子，你能起床吗？你哪天那么自觉了？我怎么这么倒霉啊，养了你这么个儿子？成绩不好就不说了，还一点儿不听话！”

江江迅速地穿上衣服：“大早起来，你吃枪药了？”说完，拎起书包头也不回地向外跑去。

“吃饭呀！”妈妈冲着儿子的背影失落地喊了一句。

从母亲的角度来看，她早起为江江做好了早饭，打算让孩子起床吃碗热饭再上学去，可是叫了两次孩子都没有任何动静，母亲为孩子的懒惰而生气，也为孩子上学迟到而担忧，在忍无可忍的情况下她冲进房间狠狠批评了儿子。儿子不仅不认错，还嫌母亲烦，拎起书包，饭都没吃就冲了出去，这让母亲产生了深深的挫败感，好心变成了驴肝肺。从江江的角度来看，在北风凛冽的寒冬，自己不愿离开暖和舒适的被窝又有什么错呢？母亲一大早就吵醒自己，冲进自己的房间无礼地掀开了自己的被子，数落自己不懂事，还借机连带出了对自己成绩的不满，大早晨就毁掉了自己的好心情。

其实，江江不听话、不起床固然不对，可是母亲的处理方式也过于激烈。研究显示，父母发怒会给孩子的情绪和性格等方面造成巨大的伤害。

一方面，对于胆小的孩子来说，父母发怒会给孩子造成一种压力，使孩子产生莫名的恐惧，这使得孩子在今后行事时常常会不自觉地看父母的脸色，生怕又惹父母生气，这十分不利于孩子健康心态和情绪的形成；而对于胆大的孩子来说，他们会认为父母生气是对自己无能为力的表现，父母越是这样，他们就越会一次次地挑战父母的极限，孩子的叛逆心理也就一点点地被强化。

另外，容易动怒的父母对孩子性格的养成会起到潜移默化的影响。父母是孩子最好的老师，每个孩子都会或多或少地模仿父母的行为。经常看见父母生气的孩子，也会不自觉地染上易怒的品格，他们在今后的生活中，稍有不如意便会用生气来发泄情绪。

生活中，许多父母都希望孩子可以听自己的话，但事实证明，太听话的孩子往往缺乏主见、很难成大事。相反，那些不听话的孩子则往往因为思维活跃、敢闯敢干而更容易成功。所以，面对不听话的孩子，父母应该学会宽容孩子，尽量克制自己的怒火，想出更加巧妙的方法来说服孩子。比如，孩子不愿意起床，家长应该宽容孩子不对其发火，可以早些起床打开电脑放一些舒缓动听的音乐，给孩子一个短暂的缓冲期，这样可以有效地降低发生冲突的概率。

“妈妈，赶紧给我买完衣服，咱们去看玩具吧？我想买玩具！”商场里，朵朵拉着妈妈的衣角说道。

“不是前几天刚买过玩具吗？怎么又要买？”

“那些都旧了。”朵朵笑着说，“妈妈最好了，我想要一个‘神奇宝贝’，最近很流行的，好多同学都有。”

妈妈想了想说：“那天你明明答应妈妈，说那是这个月买的最后一个玩具了，你不能出尔反尔。”

“可是……”朵朵皱着眉头说道，“我真的很想要‘神奇宝贝’，真的可好玩儿了！”

“那你选择吧！今天你要么买裙子，要么买玩具，只能选一样。”妈妈蹲下来一脸认真地说。

“啊？”朵朵犹豫了，“可是我也想要花裙子呀！去年的裙子都小了，我都穿不上了。”

“所以让你选择呀！只能要一样。”

“妈妈，您明明有钱，为什么不能都买给我呢？”朵朵一脸委屈。

“上次买玩具，你都答应我了，那是本月的最后一个玩具。你现在不遵守承诺，就当这是给你的小小惩罚吧！”妈妈抚摸了一下朵朵的头发，和颜悦色地说。

“不要呀！妈妈。”朵朵噘起了嘴。

“你没想好，是吗？那咱们休息一会儿再走吧。你快点决定要裙子还是玩具。”

朵朵看着妈妈坐了下来，内心无奈地做起了挣扎。10分钟过后，朵朵噘着嘴对妈妈说：“我还是要裙子吧！”

“好，妈妈尊重你的决定，走吧！”

成长阶段的孩子难免犯错、难免淘气，不听话也是情理之中的事。家长要想成功地教育孩子，不仅要爱孩子，还要学会体谅孩子、宽容孩子。孩子不听话时，家长应该平心静气地给孩子摆事实、讲道理，尽量不要对自己的孩子生气；如果孩子仍然不听，可以试着暂时停止冲突，远离孩子。但离开前不妨告诉孩子：“规矩终究是规矩，我们之间的矛盾是由你的不听话引起的。现在不约束你只是为了暂时避免矛盾，不代表我就放弃了自己的原则。”

父母远离孩子，不仅可以给自己心中的怒火降降温，还可以多给彼此一些空间和时间考虑此事，以防在情急之下做出错误的分析、判断，伤害孩子。另一方面，父母冷静下来之后，更容易找到比生气、批评、指责、打骂等更加有效地解决问题的方法。

父母要耐心对待“问题孩子”

有这样一群孩子，他们在学习、品德或行为方面暂时存在一些问题，他们纪律松散、学习成绩差，他们常常不听话，还爱逃学或者打架斗殴。这就是老师和家长眼中的“问题孩子”。正因为这些孩子身上存在或多或少的问题，他们有的被父母粗暴对待，常常遭到父母的横加指责或痛打，有的被父母忽视和冷落，甚至干脆被父母放弃，孩子破罐子破摔，走上歧途。殊不知，有问题的孩子恰恰最需要父母的关心和爱护，教育这样的孩子不是一朝一夕之事，更要有耐心。

月月的父母常年在外打工，她是由爷爷奶奶带大的。由于奶奶疏于管教，月月养成了飞扬跋扈的性格，学习成绩一塌糊涂，上课睡觉、玩手机，最近还染上了偷东西的坏习惯。

一次，月月不经意看见了抽屉里放了不少钱，就偷偷地抽了一张百元大钞收起来了。纸包不住火，没过多久，奶奶就发现了，问道："月月，抽屉里的钱少了，我和你爷爷核对过了，谁也没动，是不是你拿的？"

"你们都没拿，就是我拿的呀？我也没拿。"月月故作镇定地说。

"那你身上这件衣服哪里来的？这个价格你的零花钱也不够用啊！"奶奶已经有充分的证据了。

"我问同学借的，不可以啊？"月月说。

"你这个孩子，偷了钱还不承认，长大了还得了！"奶奶嗓门提高了八度。

"我没偷，我没偷。"月月仍旧不承认。她想："你们一点儿都不关心我，从来没人问我过零花钱够不够用，就知道批评我。我承认了又怎么样，还不是一顿骂。我就不承认，看你把我怎么着！"

"你还敢犟！你妈不在你就敢凶奶奶了，看来不打你是不管用了！"说完，奶奶就扬起手给了月月一巴掌。

月月又羞又怒，但就是不松口，任由眼泪流下来。

奶奶也在心里纳闷这孩子是怎么了，犯了错误承认了、改正了就好了。干吗这么自讨苦吃呢?

其实，奶奶的疑问不难解答，正是老人家粗暴的责骂让月月变得不诚实。月月偷了钱，奶奶也有了证据，月月内心难免有不安和害怕。如果这时候奶奶能够耐下心来，先关心月月为什么偷钱，给孩子一个台阶下，相信月月是会老实承认的。

说到“问题孩子”，大家第一反应就是坏孩子，其实，“问题孩子”并不一定是坏孩子。由于青春期的孩子尚未形成稳定而成熟的人生观、世界观，所以对一些问题有不正确的看法或行为出现偏差是难免的。有位哲人就曾经说过：“不犯错误，那是天使的梦想；少犯错误，这是为人的准则。”父母不能因为孩子学习成绩差、爱讲粗话、爱打架，就断定孩子没前途，对孩子失去希望。

家长应该持有这样一个理念：“每一个孩子都能学好，没有差生，只有差异。”对待“问题孩子”，家长更要怀着一颗宽容的心，耐心细致地教育孩子，给予他们更多的帮助和关爱，切不可操之过急，期望他们在短时间内就能改掉多年来养成的坏习惯。唯有宽容孩子，耐心等待，他们身上的问题才能逐步改正。批评打骂甚至放任自流，只会让孩子误入歧途。

对于“问题孩子”，就像中医问诊一样，父母要了解孩子的个性、心理特征以及行为习惯，找准问题的症结所在，然后才能对症下药，找到恰当的教育方法。例如有的孩子有厌学情绪，上课不爱听讲，学习成绩差，还经常逃课，父母就应该耐心找出孩子厌学的原因。如果是学习压力大，父母应该适当给该孩子减减压；如果是孩子自身能力问题，父母也不应该放弃孩子，不妨辅导孩子从看课本入手，从简单的习题入手，一点一滴地提高孩子的成绩，树立他们学习的信心，孩子有了进步的动力，就会不再讨厌学习。对于爱打架斗殴、爱说谎等思想品德方面存在问题的孩子，父母就更应该有耐心，持之以恒的思想教育必不可少。孩子每一次犯错的时候，父母都该尽量给予及时纠正，在一次次的反复教育中耐心地给予他们更多的关注和爱护。

金无足赤，人无完人。每个孩子都有缺点和优点，作为家长绝不能紧盯着孩子的缺点不放，看不到他们的优点。“问题孩子”身上虽然存在着这样那样明显的差异，但也蕴藏着一些不引人注目的“闪光点”。他们很少受到人们的关注，更需要家长细致入微的观察，从而发现挖掘他们身上积极向上的因素，并选择有利的时机积极引导，适当表扬、鼓励，使之扬长避短，一步一步养成良好的习惯。父母只要真心诚意地关爱孩子，能够做到循序渐进，一步一个脚印，全身心地投入，就一定能取得好的效果。

婷婷是大家眼中的问题学生，爱化妆，常常迟到和旷课，考试经常不及格，学习成绩一塌糊涂，而且纪律意识淡薄。老师曾多次对他批评教育，但收效甚微。

后来，妈妈发现婷婷很爱打扮，于是准备从这方面入手。

“婷婷，来帮妈妈画个眼线吧，我看你画得挺好看的！”妈妈故意说。

婷婷很吃惊，妈妈竟然夸自己了，于是她细心地帮妈妈画起来。

“爱美之心人皆有之，但美不应该仅仅是外在的，如果没有内在的美，表现出来的就只是一种轻浮。”婷婷一边画，妈妈一边启发她。

“妈，我懂您的意思，可是我本来就笨，再加课程落下太多，所以我就不爱学习了。”婷婷说。

“没关系，只要你肯，妈妈和你一块努力！”

后来，妈妈就抽出了很多时间引导婷婷从最基本的知识开始，一点一滴地帮她复习。虽然婷婷也偶尔犯错误，但进步很大。妈妈就会趁机表扬她，婷婷的劲头更足了，不再摆弄化妆品，学习成绩也慢慢赶上来了。

其实，每个人都不会自甘落后。只要父母对待每一个“问题孩子”都有耐心、爱心，善于挖掘他们的优点，激励他们奋发向上的勇气，野百合也是有春天的。婷婷最终能从一个问题孩子转变过来，正是妈妈一次次的努力和始终不渝的关爱给了婷婷力量，让她终于成为内外兼修的好孩子。所以，父母对待“问题孩子”，关键是要有耐心，莫指望一次苦口婆心的谈话就能把所有问题都解决掉。对“问题孩子”的教育就像跑马拉松一样，必须有足够的耐力才行。

总之，对“问题孩子”，父母更要倾注爱心、耐心，努力消除他们的心理障碍，以真诚和宽容唤起他们的进取心，以尊重和赏识激发他们的上进心，从而引导他们健康地成长。

叛逆的青春期也是挥洒热情的时期

随着孩子年龄的不断增长，父母可能会产生这样一种感觉：原本乖巧、听话、懂事的孩子开始变得狂躁、偏激、爱顶嘴。请不要惊慌，这证明您的孩子正处于叛逆的青春期。叛逆的青春期是孩子自我发展的必经过程，也正是在这个时期孩子开始慢慢变得独立，并逐渐走向成熟。

父母对处于叛逆期的孩子往往表现出极度的不适应，他们无法接受孩子的情绪起伏无常，更受不了他们对自己权威的挑战。面对孩子的极度叛逆，家庭教育往往会出现“全面打压”和“放任自流”两种教育方式。然而，这两种方式都过于极端，不仅不利于孩子从幼稚向成熟过渡，甚至会使孩子在人生的正轨上越行越远。著名歌手杨坤曾说过：“青春期没有叛逆是一大缺憾，因为你不叛逆，你就是大海的一滴水；因为你叛逆，你才与众不同。”

“飞飞，下午跟你爸一起去理理发洗洗澡。”妈妈对正在看电视的飞飞说。

“我不想去！”飞飞爱搭不理地回答了一句。

“为什么？今天你爸休息，正好和他一起去，你自己每次都洗不干净。”

“妈，我都是大人了好不好？再说前几天我刚跟同学去洗过……”飞飞显得很不耐烦。

“让你去你就去，怎么那么多废话！”妈妈有些生气。

“我说不去就是不去，下午我还有事呢！”飞飞顶撞道。

“你敢！造反是吧？没听说哪个孩子敢和爹妈犟嘴的！”妈妈更加生气。

“妈，你怎么这么不讲理？我都说了不想去，就算去洗澡我也不理发！”

“看你的头发都长到肩膀了，也不怕别人笑话，必须理发！”妈妈态度更加强硬。

“你爱怎么说就怎么说，我就是不理！”

“反了你了！你不理我就拿剪刀给你剪了！”说着，妈妈就要去动手拿剪刀。

“妈，你烦不烦！”飞飞站起身，把遥控器狠狠地摔到了沙发上，气冲冲地走向门外。

“你给我回来！”妈妈站在原地，眼里含着泪珠。

处于叛逆期的孩子情绪很容易失控，他们对自己的外貌和生活方式也更加注重，自认为已经长大成熟，父母的指指点点只会增加他们的反叛情绪，从而造成亲子关系紧张，不断发生矛盾冲突；而父母在权威受到挑战后，由于一时难以适应，也不愿主动与孩子化解冲突，从而很容易走向极端，陷入教育误区。其实，孩子的叛逆也并不是什么滔天大罪，只是他们与父母看待事物的观点不同而已。父母如果对孩子干涉过多，或强行支配孩子的行为，都有可能引起孩子强烈的抵制和反叛，所以父母教育叛逆期的孩子要更加注意方式和方法。

父母要学会宽容孩子。叛逆期在医学上正如妇女的更年期一样被认为是特殊时期，父母要本着特殊时期特殊照顾的原则，允许孩子犯错误，放权给孩子，用包容的态度感化孩子。处在青春期孩子，自我意识明显增强，自尊心往往敏感而脆弱。父母宽容孩子的叛逆，是对孩子自我意识的肯定，也是对孩子自尊心的一种保护，这才是对孩子真正的爱和保护。

父母要学会换位思考。父母也经历过叛逆期，应该比孩子更加懂得这个时期孩子内心的躁动。所以，父母千万不可把青春期的孩子看成是对峙的敌人，用制敌的方法来打压孩子的叛逆，而是应该多站在孩子的立场上和孩子换位思考，理解孩子的想法和态度。这样，许多不可调和的矛盾就可以迎刃而解了。

父母要学会给孩子减压。叛逆期的孩子正是开始体验升学、交际、情感等压力的时期，他们自认为已经具备成人的处理能力，然而事实却不尽如人意，这就会导致孩子产生失望、焦虑、烦躁的情绪。这时候，孩子最需要父母的帮助和指导。父母要把握时机，教孩子认识到自己的成长现状，用正确的方式帮助孩子缓解压力，帮助孩子顺利度过叛逆期。

"小红，我听邻居说最近每天放学都有个小男孩送你回家？"饭桌上，妈妈好奇地问小红。

"你听谁说的？"小红有些慌张。

"有没有？"妈妈笑着问道，"跟妈妈说实话，这有什么不好意思的。"

"妈你别问了，这是人家的私事！"小红的语气证明了她不想继续谈下去。

"妈妈没有其他意思。我也是从你这个时期过来的，当时我就很喜欢跟姥姥说这事。我觉得吧，大人看人的眼光会更准。"妈妈解释道。

"真的吗？"小红还是有些怀疑。

"当然了，妈不反对你谈恋爱，但不希望它影响你的学习。你不跟妈妈说，我也没办法帮你分析。"

“妈，你说谈恋爱有帮助学习的吗？”小红反而变得有了聊天的兴趣。

“当然有了，当时你爸就是认识我后才开始上进，知道学习的。”妈妈一副得意的样子更加勾起了小红的好奇心。

“那你快给我讲讲吧，我看小林和爸爸像不像！”

“那个男孩叫小林啊？”妈妈一脸坏笑。

“妈妈讨厌，快讲讲嘛……”和谐的气氛化解了开始的僵局，母女俩聊得很开心。

处于青春叛逆期的孩子都渴望拥有自己的小天地，父母在主动放权给孩子的同时也要采取明智的手段悄悄进入孩子的世界，以防孩子偏离正轨。如果父母与叛逆期的孩子矛盾处理不当，很容易将孩子引入歧途，孩子的网瘾、性格扭曲等大多是在这个时期形成的。

逆反是孩子成长中的大事，父母在坦然面对的同时，还要加以正确的指导。倘若方法不对，很容易让孩子形成偏执、冷漠、不合群的性格，甚至还会产生消极被动、意志薄弱、理想泯灭、对抗社会等病态思想，最终一发不可收拾。所以，面对正值青春叛逆期的孩子，家长要试着站在孩子的角度考虑问题，试着去理解、体谅孩子，宽容孩子的过错，想办法引导孩子从内心的焦躁中走出来，让孩子顺利度过叛逆期。

和孩子站在同一个角度看待问题

美国精神病学家威廉·哥德法劫曾经说过："教育孩子最重要的，是把孩子当成与自己平等的人，给他们以无限的关爱。"这不仅适用于学校教育，还适用于家庭教育。父母在对孩子进行家庭教育时，往往会无意识地认为孩子还小，什么都不懂、什么也不会。于是，当孩子的想法与父母的意见发生冲突时，父母就很容易压制孩子的想法，强迫孩子顺从自己。而很多时候，孩子也不完全是错的，他们的想法和做法从成人角度来看也许有待商榷，但如果父母肯设身处地为孩子着想，愿意从孩子的视角来看问题，就会发现："我的孩子是个天才！"

"爸爸！老师让你明天去学校。"一进家门，童童就哭丧着脸对爸爸说。

"怎么了？"爸爸着急地问，"你又闯祸了？"

儿子沉默了一会儿说："不是我，是刘洋……他……"

"他怎么你了？"爸爸上下打量着儿子，儿子的衣服裤子上全是土。

"他……撕了我的小红花！"儿子哽咽着说道，"还不跟我道歉，我就和他打架了。”

“谁先动手的？是不是你？”爸爸严厉地问道。

“是我，谁让他不跟我道歉的！”童童仰着脸说道。

“不就是撕了你的小红花嘛，你就打人？”

“那可是我辛辛苦苦得来的呀！我五次默写全都对才得来的小红花。”

“不就是一张彩纸嘛。”爸爸看了看童童，“你受伤没有，刘洋受伤没有？”

“我打了他一拳，他踢了我一脚，后来就被拉开了。”

“这事儿是你不对，明天到学校去跟刘洋道歉。”

“凭什么？他撕了我的小红花还没跟我道歉呢！”童童不服气地喊道。

“不就是一张彩纸吗？你至于吗？反正你先动手的，就是你不对！”爸爸铁青着脸说。

“不是彩纸，那是小红花，是荣誉！爸，你怎么就不懂呢？你到底是谁的爸爸呀？”童童说完，伤心地走进自己的房间。

有时候，父母与孩子之间的代沟就是因为彼此不能站在对方的立场上看问题而造成的。小红花对于父亲来说，就是废纸，没有任何意义；可是对于儿子来说，却是用好成绩换来的，来之不易，它是自己辛苦的成果，是荣誉的象征。童童动手打人固然不对，可是父亲却没有站在孩子的角度上分析这次事件的原因，没有表明自己理解孩子的立场，只是一味苛责孩子，这让童童无法接受，不愿道歉。如果父亲能够告诉童童自己也认为刘洋做得不对，教孩子宽容他、原谅他一次，再分析童童打人的不对，孩子就可能接受自己不对的说法，从而主动愿意去给刘洋道歉。

孩子的自尊心在同龄人之间更容易得到满足，这是因为与同龄人交往时，他们总是能得到更多的平等与尊重。而在与父母交往时，则容易产生类似上下级的隔阂感和压迫感，难以敞开心扉，进行真诚、有效的沟通。所以，父母认为孩子做错了事时，不能用简单粗暴的方式批评孩子，而是应该放下自己的架子，以平等的身份对待孩子，多听听孩子的想法，站在孩子的角度考虑问题，真正做到深入孩子的内心世界。这样孩子反而更容易接受父母的看法，达到教育的目的。

站在孩子的角度看待问题也有一定的技巧，掌握这些技巧父母才能有的放矢，更好地教育孩子。

父母要放下成见。大人与孩子的世界是两个完全不同的世界，如果家长非要用大人世界的规则、定律来要求孩子，势必不能真正做到从孩子的角度出发。放下成见，才能真正做到换位思考，才能看到不同的风景、产生不同的观点。

父母要真诚地表达思想。从孩子的角度看待问题后，父母要客观描述出自己的主观感受和真实想法，让孩子了解到不同人对此事的不同看法。但是从孩子的角度出发，并不意味着一定要附和孩子的做法，表示理解或是找出原因是为了更好地了解孩子的真实想法，拉近与孩子的距离，以便更好地教育孩子。

父母要勇于承认错误。“人非圣贤，孰能无过？”父母也有权利犯错，当我们发现我们误解了孩子或是考虑欠妥伤害了孩子时，一定要勇敢地向孩子说声“对不起”。这样不仅不会降低父母在孩子心中的威信，反而能使孩子感到来自父母最真诚的关爱，从而化解彼此的矛盾，让亲子关系更密切。

“儿子，老师不是让画海底世界吗？你画的这是什么呀？”妈妈看着儿子的图画作业生气地问。

“我画的就是海底世界呀！”

“刚才妈妈花了半个小时给你找的素材，你怎么都没用？你看，杂志上这只颜色鲜艳的小鱼、书上这只漂亮的小海龟，你怎么都没画？”

儿子撇了撇嘴，见妈妈生气了就没说话。

妈妈想了想，觉得自己反应过激了，应该听听孩子真实的想法，于是和蔼地问道：“妈妈相信你这么画一定是有道理的，你告诉妈妈好吗，海水为什么会是黑色的？”

儿子见妈妈不那么生气了，才慢吞吞地说：“我原本是想画的。可是现在污染这么严重，海里一定没有这么漂亮了！所以，我画了被污水破坏了的海底世界，我想应该是一片黑色才对。”

妈妈恍然大悟：“对不起，妈妈刚才不应该生你的气。你说得很对，妈妈给你找的图片只是一种理想状态。现在海水被污染了，应该见不到那么美丽的海底世界了。”

“妈妈，不怪你，是我没说清楚。”儿子不好意思地挠了挠头，笑着说，“妈妈，那我这幅画的题目就叫保护环境好不好？”

“好！用这幅画来宣传保护环境，儿子你真棒！”

有时候，我们批评孩子正是因为不够了解孩子。故事中，妈妈批评儿子画的不是海底世界是因为自己没有了解孩子的真实想法，当理解了孩子把海水画成黑色的原因后，相信我们每个人都会被孩子的深刻思考所折服。

理想的亲子关系应该是一种相互尊重、相互关心、相互信任的朋友关系。在这种良好的情感氛围下，亲子之间更容易建立起有效的沟通，父母才能更好地理解孩子、教育孩子，孩子才能够健康地成长。所以，在平时的生活中，父母一定要多从孩子的角度出发来考虑问题、分析问题，只有这样才能更加有效地解决问题。

纠错是教育孩子的目的

古人云："堂前训子，背后教妻。"意思是教导妻子不要当着众人，要注意照顾妻子的面子；而教育孩子则不必讲究，可以在大庭广众之下进行。在这种传统思想潜移默化的引导下，大多数父母也忽略了孩子的面子。不管是在什么时间、什么场合，父母们往往喜欢发现孩子的错误就立即纠正。殊不知，孩子也是要面子的，这样的教育不仅达不到教育的目的，还会伤害孩子的自尊和自信，影响其人格的健康发展。有些家长虽然意识到了孩子也有面子，却认为孩子不必"死要面子活受罪"，批评孩子有爱面子的坏习惯。

星期天，小伟约了几个朋友到家里来玩儿。"妈，给我们洗点儿水果吧！"小伟一边把同学带进自己的房间，一边对妈妈说。

"好好好，你们去玩儿，我这就去洗。"妈妈笑着对孩子们点了点头。

“小伟，你房间真干净！”一进房间，一个朋友就忍不住赞叹道。

“是啊是啊！这哪儿像个男生的房间啊！”同伴附和道。

“看不出来你还是个新时代的好男人啊！”几个男生拍着小伟的肩膀笑着说。

小伟不好意思地笑了笑：“坐坐坐，都站着干吗？”

这时妈妈进来了，笑着说：“这不今天你们来，他特意早起收拾的嘛，你们要早来一小时都不是这个样儿。”

“妈，说这些干吗呀？”小伟生气地说。

“怎么，还不让说了？想在同学心里当个卫生楷模？咱们要实事求是嘛。”妈妈一边把水果递给同学们，一边继续开着玩笑。

没想到小伟突然站了起来：“行行行，您出去吧，出去吧！水果我们自己会吃。”说着他推着妈妈的后背将她推了出去，狠狠地关上了门。

“阿姨挺有意思啊，小伟。”

“可烦人了……”小伟淡淡地甩出一句。

妈妈站在门外，觉得很没面子，心里一阵阵难过。

孩子们大多数比较敏感，他们也有着强烈的自尊心。小伟受到同学的表扬本来很高兴，可妈妈简短的几句话就把自己邋遢的生活常态暴露出来，让小伟觉得在同学面前很没面子，于是将妈妈推出了门外。妈妈被推出门外后，感到当着孩子同学的面，自己没有得到应有的尊重，也为丢了面子而委屈。其实，父母给孩子面子，孩子也会让父母有面子，这都是相互的。

孩子的自我意识在一岁左右就开始形成，他们的自我意识决定了他们对别人评价极其重视。父母当众斥责孩子或揭穿孩子，即使是以玩笑、取乐的方式说出他们的糗事，也会让孩子觉得难堪、屈辱和恼怒。这不仅伤害了孩子的面子，还会影响孩子自尊、自信等性格的培养，甚至还会导致孩子出现自卑倾向。有些家长认为，孩子出现了错误就应该及时纠正，这是对孩子的爱和保护，但事实上，这却是在以爱的名义伤害孩子。

苏联教育家苏霍姆林斯基曾经说过："如果不去加强并发展儿童的个人自尊，就不能形成他的道德面貌。"建立孩子的自尊，最重要的就是给孩子留面子。孩子爱面子不是虚荣，也不是伪善，而是自重、自爱、自尊的表现。研究显示，具有这种品格的孩子更容易尊重自己和尊重他人，自信心、责任感也比较强，还会有超出常人的进取精神。

所以，当孩子犯错时，父母要本着宽容孩子、尊重孩子的原则，尽量选择在私下用温婉的措辞对孩子进行教育。家长要明白教育的目的是为了让孩子改正错误，而不是让孩子无地自容。"堂前训子"只会破坏亲子之间的关系，而无益于孩子的成长，不如将"堂前训子"改为"堂下教子"。

傍晚，妈妈和大国在小区的花园里乘凉。

"这次月考你女儿又是第一名吧？"隔壁张阿姨问隔壁的李阿姨。

"是啊！她的成绩比较稳定。"李阿姨的谦和中透露着难以掩饰的骄傲。

"哎，真羡慕你啊！有这么好的女儿，不仅学习好，还懂事、听话。"张阿姨由衷地赞叹道。

"你女儿也不错嘛，也没出过前十名。"李阿姨说道。

“她学习也还行，就是不能跟你女儿比呀！”张阿姨说着看了一眼旁边自己的女儿，“你什么时候要是像李阿姨的女儿那么优秀，妈妈就心满意足了！”

大国听着他们谈论这个话题，不由自主地打了个冷战，心想；“完了完了，他们学习都比我强，妈妈一定会当众批评我的！”

“你儿子这次考得怎么样啊？”李阿姨问大国的妈妈。

“挺好的！”妈妈笑着说，“这次大国进步很大。”

大国简直不敢相信自己的耳朵，心想：“我就进步了一名，从36名变成35名，妈妈竟然这么夸我！”

“大国虽然没有你们的女儿成绩好，但是一直很努力，我很欣慰。”妈妈继续道。

“是啊！大国还很孝顺呢！上个月你病了，我见大国每天放学就早早回家了。”张阿姨笑着赞叹道。

“嗯。我老公正好出差，那段时间都是大国照顾我的！”妈妈说完冲大国笑了笑，大国也高兴地冲妈妈笑了。

爱孩子，就要学会尊重孩子、爱护孩子的面子。不可到处宣扬孩子的缺点、错误，更不可当众打骂孩子，伤害孩子的自尊。我国著名教育家胡适在谈到自己的成就时，就曾感叹道：“我的母亲对我很严格，却从来不在外人面前惩罚我。”英国著名教育家洛克也曾说过：“父母愈不宣扬子女的过错，则子女对自己的名誉就愈看重，他们觉得自己是有名誉的人，因而更会小心地去维持别人对自己的好评。”

人最宝贵的是尊严，比起对武力的恐惧，孩子更害怕丢了面子、失去尊严。因此，家长教育孩子一定要本着尊重的原则，把孩子看作一个独立的个体。不在别人面前训斥孩子、揭孩子的短，给孩子留一点儿面子，这会让孩子感激一辈子！

第五章　青春期，父母这样和孩子谈谈感情的事

不要让爱情成为话题的禁区

“爸爸，也许你会很意外，也会有些生气，但我不得不告诉你一个消息，我应该是喜欢上了一个人，但我不确定是不是真的，也不确定他是不是和我一样。我很苦闷，这样很影响我的心情。”

看着十五岁的女儿偷偷放在自己公文包里的这样一封“信”，紫陌爸爸却并不生气，而是惊讶甚至有点儿惊喜，当然，这件事也在自己意料之中。

看着出落得亭亭玉立的女儿，心思细腻的父亲开始留意女儿的穿着与神情。几次加班后无意中遇到放学稍稍晚归的女儿，作为一个过来人，父亲隐隐感觉女儿长大的迹象。不过他很清楚，不能凭自己的感觉贸然戳破女儿的心事。他开始给女儿推荐一些青春期孩子适合看的电影，像泰国的《初恋这件小事》和美国的《辣妈辣妹》等。还有一些心理学书籍，平时他有时间也和女儿一起看，顺便交流心得与想法。爸爸

不刻意回避情感方面的话题，对女儿的学习与生活也更加关注起来。

紫陌也感觉到爸爸的变化，这让她之前的紧张心理消除了一大半。班上新转来的男生和紫陌做了同桌，两个人由于对音乐的热爱很快熟识起来。最近紫陌也感觉到自己的心里似乎渐渐起了涟漪，几次和他聊天走得慢了点儿，以至于在门口碰见爸爸，这些都让她担心不已。这种焦虑的情绪让紫陌的成绩出现了起伏，快要中考了，紫陌深知自己的责任，也怕影响自己的前途。

经过激烈的思想争斗后，紫陌终于鼓起勇气向爸爸倾诉心事，爸爸的态度也让她很欣慰他对自己的理解与关爱。爸爸帮她认真分析了目前的情况后，让她认真思考几个问题："你觉得他身上什么东西吸引你？你觉得和他在一起，你开心吗？如果别人也一样喜欢音乐，你也会有这种喜欢和这个人在一起的感觉吗？"

沉思很久之后，紫陌也确定了自己和那个男生是志同道合的朋友，充其量有好感而已。疑虑消除了，她能安心学习了，成绩也慢慢回升，而且每次见到同桌时，没有了从前的顾虑，友情也更纯真了。

爱是人类永恒的主题。爱情更被称作人类最美好的情感之一。爱情是一对男女基于一定的社会基础和共同的生活理想，在各自内心形成的相互倾慕并渴望对方成为自己终身伴侣的一种强烈、纯真、专一的感情。这是对爱情的注释。爱情，只有成熟的心理才能感应和辨识。它像花朵，季节到了，自然会开放。没有谁可以拒绝春天，也没有人可以避开爱情。在它到来之前，它的名字叫等待。

在中国，也许"爱情"这样的词汇是进入青春期的青少年们眼中一个神秘的存在。更多的家长和老师借着早恋的旗号把爱情描绘成洪水猛兽，是不可越半步的雷池。而好奇是人的天性使然，越是禁果，越有吸引力。而生理心理的不成熟，导致有的青少年在爱的路上走偏。与其等孩子自己盲目探索，还不如与孩子一起分享各自关于爱的见地。

如果孩子询问家长或者开始思考“爱情”这个课题的时候，那就说明这个孩子已经不是过去那个幼稚的小孩子了。他开始进入了由儿童向成年人过渡的关键时期。由于这一时期生理心理发生了巨大的变化，他们开始萌生一种性别心理，与异性的交往增多，对异性出现好感。有时这种好感会进一步发展，演变成家长们所说的早恋。

其实出现这种心理变化是很正常的，家长们首先不要恐慌，担心孩子从此误入歧途；其次应该采取正确恰当的措施，以一个过来人的身份，为孩子答疑解惑，梳理青春期各种纷乱心绪，帮助孩子顺利过渡到成年人的行列。

如果有家长还在采用或者计划采用一发现苗头便严厉打击，坚决将爱的萌芽扼杀在摇篮里的手段的话，那不妨听听以下的几点建议：

首先，注意观察孩子变化，了解孩子内心的情感趋势。

歌德说：“哪个少年不钟情？哪个少女不怀春？”中国古语有云：“女为悦己者容。”可见进入青春期的少年不管是出于爱美之心还是出于对异性的关注目光的期望，都开始注重自己的外表。对于孩子这一表现，家长也不宜防盗似的一有风吹草动便草木皆兵，可适时留意一下孩子最近是否与某一个或某一些异性朋友走得比较近，当然这完全是出于友善和关心，不能窥探孩子的隐私甚至跟踪监视孩子。家长在必要时也可以和孩子交流谈心，孩子总喜欢在和父母聊天时说些学校里或者朋友间的小事、开心事，从他有意无意的言语中，或许细心一点儿就可以发现一些情况。家长也可以偶尔用朋友间开玩笑的亲昵语气，比较直接地问问孩子有没有比较要好的异性朋友，孩子也许就把家长从“高高在上”的家长拉入亲密无间的“朋友”的名单了。这样即使以后有什么问题，也可以很好地沟通。

其次，不要让爱情成为话题的禁区，让爱情成为孩子的盲区。

由于传统思想的影响和社会整体的氛围，父母在孩子面前对于爱情一类的字眼总有种难于启齿的羞涩，甚至觉得跟孩子谈论如此敏感且成人化的话题会教坏孩子。出于这种心理，爱的教育在青春期的少年们最需要的时候出现了空白，导致他们面对爱情既无知又好奇，对爱情既向往又害怕。在不经意出现某种特殊的感觉时慌乱，有的孩子出现感情问题，困扰心理，造成不良影响。

面对这种情况，家长首先不要刻意回避。爱情是一种正常的人类情感，对于孩子们来说，青春期正是这种重要情感形成的重要时期。如果这一时期的教育不正确，很有可能影响孩子的爱情观、人生观、婚姻观，对孩子以后的生活很不利。家长可以和孩子一起观看关于分析青春期青少年心理变化尤其是关于爱情的书籍、电影等，并和孩子分享观后感，也可以和孩子分享自己的经验。让孩子知道爱是一种正常的情感，不用恐慌，不用回避，积极对待、认真处理就好。

当然，教孩子认识爱情和教孩子谈恋爱完全是两回事。家长也不用担心孩子一定会因此就去恋爱，只要认识了爱情，理解了它存在的原因和意义，孩子们也会多一些理性，毕竟他们同时增长的还有阅历和智力。

“是令人消瘦的心事，是举箸前莫名的伤悲，是记忆里一场不散的筵席，是不能饮不可饮也要拼却的，一醉。”

又是夜深人静时。

画桐轻轻合上手边的席慕蓉诗集，少女那点儿隐秘的心事在夜色的掩映下开始蔓延。上课不经意地回头瞥见的那张脸，操场上跃动的那个身影，听见那个声音时心弦被轻轻拨动，分开后若有若无的心心念念，是不是这就是那“令人消瘦的心事”，会不会真的有“举箸前莫名的伤悲”？

悄悄合上日记，画桐望着窗外调皮的星星，它们一闪一闪的，似乎在嘲笑她的心情，似乎对她的疑问无能为力。

“我们只是走得近了点的好朋友罢了。”画桐在心里对自己说。可真的是这样吗？为什么自己和他在一起的时候感觉和跟那些玩伴在一起时不一样？多一点儿欢喜，多一点儿期盼，而她喜欢那种感觉。

那些柔情而且伤感的诗句给不了青春花季的画桐想要的答案。

爱情是什么?

青春期的少年们几乎都会思考“爱情是什么”这样的问题，在这样的困惑得不到正确的解释时，他们的天性便促使他们自己寻找答案。所以，家长要承担为孩子答疑解惑的导师角色，不要回避这样的问题，为孩子扫除成长的盲区。

最后，不要“冤枉”爱情，让孩子爱的最初印象蒙尘。

在幼儿的世界里，“王子和公主最后快乐地生活在一起”，都是童话般的结局。对于青春期的少年们，这样的故事显然不足以解释他们对爱的追问。而家长们嘴里的爱情是导致成绩下降的罪魁祸首，是引诱好学生堕落的禁果，使孩子对爱情的朦胧印象大打折扣。这样的做法是不利于青少年树立正确的世界观、人生观、价值观的。家长们不要戴着“有色眼镜”看待孩子。

如果家长觉得自己的语言不够精美，表述不够生动，那不妨学学苏联著名教育实践家和教育理论家苏霍姆林斯基的方式，他在《致女儿的信》的开头，用一个美丽的童话故事，巧妙地告诉女儿，爱情是连上帝也称赞的“人类永恒的美和力量”。“见客人来，袜刬金钗溜。和羞走，倚门回首，却把青梅嗅”有爱情的羞涩；“花自飘零水自流。一种相思，两处闲愁”有爱情的期盼；“关关雎鸠，在河之洲。窈窕淑女，君子好逑”，有爱的自然与坦荡。

几千年来吟诵的诗文，古今中外传颂的故事，都是对爱最好最美的注释。用最美的语言，给花季的少年一个美好的憧憬。

用平等的态度和孩子谈感情话题

妍妍最近陷入了一个矛盾中，她不知道该怎么选择。

原来，她最近和一个男孩走得很近，对方的阳光、健谈、幽默都深深吸引着她，他优秀的成绩更是让她羡慕不已。而他也很慷慨地说要帮妍妍补习功课。不知不觉中，两个少年男女在不断的接触中渐渐萌生朦胧的爱意。妍妍在想要不要跟他说明，但又怕他拒绝自己，或者这一切只是自己的一厢情愿。临近考试，妍妍也怕这样心神不宁的状态会影响成绩。

时间就这样一天天过去，妍妍的焦虑让她经常注意力不集中，成绩开始有下滑的迹象，就连睡眠质量都受到了影响。可她不敢把心里的想法跟爸爸妈妈说，她怕父母会嘲笑她，甚至会因此导致和父母之间出现矛盾。但是她自己在处理这些问题时，觉得力不从心。一天天过去，复杂的心情也让妍妍无所适从。

案例中的妍妍在面对情感问题时不知该如何选择，心里的矛盾也不知该向谁倾诉，无法走出困境。情窦初开的少男少女们在面对情感时总是既欣喜又紧张，如何选择恰当的方式，既能让双方都不受伤害，又能协调好与学习之间的关系？很多青少年难以把握这个尺度。

而很少青少年会选择和父母沟通，让家长帮助自己来解决这些问题。更多的时候是家长对青春期孩子们的这种感情的态度有问题，不够客观和科学，甚至不愿意深入孩子的内心、了解他们的想法，凭自己主观臆断便认定孩子已经被传说中可怕的早恋毒害，必须立刻制止，甚至采用一些比较蛮横和暴力的手段。而这一时期的青少年逆反心理比较强，较儿童时期具有了更多的行为能力和判断能力，面对父母的消极态度，也更容易出现过激行为，如和父母吵架、离家出走甚至采取极端行为等。所以，父母要采取恰当的方法，避免和孩子出现针锋相对的局面，为孩子出谋划策，帮助孩子解决青春的烦恼，顺利度过人生的花季。这里为家长提供几点建议：

首先，与孩子建立平等的交流基础，时刻关注孩子情绪动态。

父母与孩子的交流不应该仅仅停留在长辈与晚辈的不平等身份的基础上，更应该是一种友谊式的平等的沟通与交流，这样才更加有助于增进亲子间的沟通，帮助父母更好地了解孩子内心的想法，而这是发现问题并解决问题的基础。青春期的孩子们渴望被家长认同，突出其存在感，十几岁的少年也具有了一些判断力和行为能力，所以家长也不适合再把他们当儿童来对待。尊重、信任，是平等交流的基石，让亲子关系更加和谐，这样才能真正实现和孩子零距离沟通，更好地体察孩子的情绪，发现孩子生活中的问题。比如与孩子定期或不定期的谈心，或者带孩子出去郊游，在旅途中与孩子畅谈一番，借景抒情，说不定家长会有意外收获。

其次，教孩子要把目光放长远，不要因为一时冲动在爱情里过早地做出选择。

由于青少年涉世未深，生活阅历浅薄，再加上特殊的年龄段，做事容易冲动，在感情面前缺乏经验和判断力，又出于好奇和冲动，往往在感情上不能做出理智的选择，影响自身的进步和发展。面对这种情况，家长要以过来人的身份为孩子做好引路人，用自已的生活经验和社会阅历为孩子指点迷津。

当孩子在感情上遭遇选择难题时，家长可以首先告诉孩子在这个年纪有这种心理是正常的，安抚孩子焦虑的心情，尽量减少不安情绪给学习和生活造成的不良影响；然后再和孩子心平气和地坐下分析目前的状态，告诉孩子目前他还处于学习阶段，而且年龄尚小，所以要分辨清楚让自己激动的感情，然后理智地做出选择。不能由于一时好奇而做出不该做出的、目前不适宜的选择。

最后，教孩子把“爱”转化为动力，敦促自己更加努力的学习。

青春期的少年产生的感情很多出于被对方的优秀所吸引，更多的是一种倾慕，所以家长可以从这一方面入手，首先让孩子意识到对方的优秀之处，可以把优秀的对方当作榜样，成为自己努力进步的动力，让这份年轻的感情充分发挥其正能量，成为前进道路上的垫脚石而非拦路虎。随着时间的推移和孩子自身的成熟，孩子会渐渐明白自己心中所谓的感情的真实内涵，相信孩子会在真正了解之后做出最合适的选择。

在给孩子分析的过程中，家长最好不要一开始就用一副指责、教育的姿态，这样很容易激起青春期的孩子的反感和逆反心理，最后沟通没有起到预期的作用，反而激化了家庭矛盾，适得其反。

刚上初中的晓晓今天发现开学典礼上表演小提琴的男孩就和她住在同一个小区里，这让她莫名地激动了好久。

自从开学典礼上那个白白净净的斯文男孩演奏了小提琴后，他就变成了学校女生热烈讨论的对象。他作为插班生来到了晓晓的班级，这下又引起一个不小的轰动。

“早啊！”他彬彬有礼地向迎面走来的晓晓打招呼。而平时侃侃而谈的大方的晓晓竟然愣了一下，面对对方有礼貌的问候，竟然没有回礼。这让晓晓懊悔了好久。

由于在一个班，又住在同一个小区，渐渐地和他接触多了，晓晓发现他不仅小提琴拉得好，各门功课也都很优秀，尤其是数学。这让数学成绩一直不怎么样的晓晓更加羡慕了。虽然他很优秀，但他一点儿也不骄傲，为人谦和，对谁都非常有礼貌、很友善，这又为他在晓晓心里的形象加了分。

爸爸在几次和晓晓的聊天中发现，她总是有意无意地提起一个名叫“万晨”的男孩。他一方面隐隐担心女儿是不是进入青春期之后有了情感方面的变化，一方面又为女儿在功课上取得的进步高兴，看来女儿也没有因为这些事耽误了学习。既然如此，爸爸就不能贸然为这件事定性。

爸爸的教育方式一直比较民主，这让晓晓和父母的关系很好，她把爸爸也一直当作大朋友。爸爸也在一次家庭聚会时试探地问晓晓："我们小区里的万晨是不是和你一个班啊？他可是个很优秀的学生，我还经常听你说起他呢！"晓晓觉得仿佛有个小秘密被戳破了般不自然，但爸爸说得对，他确实很优秀。晓晓说："嗯，他还经常给我讲解功课，你看我成绩都进步了呢。"

"既然有这样的朋友在身边，那就要好好向他学习，他可以帮助你很多呢，你要学会见贤思齐啊！"

爸爸一番意味深长的话让晓晓低下了头。原来爸爸早就洞察了她那点儿小心思，刚才那番话不就是在暗示自己吗？

"有些事你可能是由于一时兴起才有的感觉，顶多是一种好感吧，这很正常。但是你们现在还都小，你们要对自己负责，也要为对方考虑。既然他有那么多优点，那你也要好好努力，让这份好感为你们的友谊加分，成为你努力的一种动力，等你长大了懂事了，你就知道怎么做了。你说呢？"

晓晓认真地听爸爸说完，没说什么。她已经决定按爸爸说的做，从现在起好好学习，把自己变成一个优秀的人。

案例中的爸爸用巧妙的暗示为女儿出谋划策，帮助她做出了正确的选择。他这种委婉恰当的方式更利于孩子接受，生活中家长们也可以一试。孩子们还无力承担爱的选择，不如就把这份感情化作动力，为他们的成长添一分动力，也为他们的青春添一分美好的回忆。

关注孩子成长，帮助孩子走出失恋阴影

面对好几天顶着黑眼圈沉默着进出的龙萧，家里人都觉察出他的不对劲。

眼看中考临近，可龙萧每天放学回来一头扎进自己房里，要么再无动静，要么音乐声开得极大，震得整栋楼似乎都在跟着节奏舞蹈。有时他甚至连吃饭都不出来，有一次妈妈从晚归的儿子身上竟然嗅到了烟味。她很诧异，不知道为什么一个月前还埋头学习、一心考重点高中的儿子突然间就来了个180度的大转弯。她觉得有必要问问他的班主任。

“龙萧最近状态好像很不好，上课总是注意力不集中，不知道在想些什么。他的考试成绩下滑得厉害，前段时间我看他和邻班的一个女孩走得很近，最近那个女孩因为要出国就转学了，他有可能因为这个出了点儿状况吧。作为家长，也要多关心关心孩子的心理变化，毕竟快考试了。”老师委婉的话语让龙萧妈妈十分震惊，原来儿子在她不经意间竟偷偷恋爱了，而且正在经历着失恋这个痛苦的过程。

一回家看见躺在床上发呆的儿子，妈妈终于怒不可遏，破口大骂起来：“你看看现在这个萎靡不振的样儿，还考什么重点中学？小

小年纪就学坏，还失恋？你还好意思这样啊？像你这样，你说你能干什么……”

听着妈妈不绝于耳的数落，龙萧终于抑制不住心里的愤怒，夺门而去，留下怒火中烧的妈妈在原地手足无措……

这样的例子在生活中时有发生。案例中的母亲发现儿子情绪不稳定，没有很好地与儿子进行沟通；即使在知道儿子情绪低落的原因后也没有对儿子进行心理疏导，帮助他恢复心情，反而出言教训儿子，导致矛盾激化。这样的方式其实是欠妥的，青春期的少年由于心理的不成熟和对情感缺乏自控能力，容易冲动，对人际关系的处理也不够成熟，也就是我们所说的“感情用事”。尤其在爱情里，由于彼此微妙的关系和心理，更需要悉心的经营才能和谐长久。这也是青春期的恋情易中断、不长久的主要原因之一。这种负面情绪轻则短期影响孩子，经过一段时间孩子注意力转移，自行愈合这道心灵的伤痕；重则致使孩子心理严重受挫，影响正常的学习、生活和人际交往，甚至出现一些极端行为，造成一些害人害已的严重后果。所以，一旦孩子显露出失恋的情绪，家长一定要重视，并且采取积极手段帮助孩子走出失恋的阴影，健康阳光地生活。这里有几点建议供家长参考：

首先，早发现早“治疗”，不要等失恋的坏情绪外化时才知道。

关注孩子成长，是父母的责任和义务。尤其针对进入青春期的孩子，他们需要的已不仅仅是吃穿用度等生活上的照顾，更多的是需要心灵上的关注与慰藉。这一时期的他们习惯将自己的心事隐藏起来，这就更需要父母细致入微的观察与体会了。他们因为内心无法排遣这种负面情绪带来的痛苦压抑，给自己的生活造成严重困扰。作为父母，一定要关注孩子内心世界。

只有及时发现孩子的心理变化，早发现失恋的迹象，才能对症下药，才能下对药。及早发现，可以减少失恋的坏情绪对孩子的影响，减轻孩子内心的痛苦，防患于未然，也尽早地避免了一些不良后果的出现。并且增进亲子间的感情，让孩子体会到家作为港湾的具象意义。

其次，找到“症”，慎“下药”，避免火上浇油，让孩子痛上加痛。

发现孩子的失恋情绪，家长最好不要暴跳如雷，或者对着孩子先劈头盖脸地数落甚至拳脚相加，更不要出言挖苦讥讽嘲笑打击孩子，让他原本失落的情绪更加低沉痛苦，一时想不开做出一些令人后悔悲痛的举动。面对此时脆弱消沉的孩子，家长一定要慎重对待。即使和他聊天，想通过语言疏导，也要注意选择适当的时机和场合，要顾及孩子的自尊心和当前的心情状态，给孩子一个安全舒适的外部环境和宁静温暖的内心环境。这样才会有安抚的作用，他才有可能敞开心扉，诉说自己的苦闷。这样的谈话也会达到预期的效果。

如果觉得面对面的交谈可能会给孩子造成障碍和压力，家长不妨采用书信或者邮件、短信的方式与孩子沟通。这能避免面面相觑的尴尬，字斟句酌的同时也有助于父母软化措辞，不至于由于情绪的激动不经意出言伤害或刺激原本烦躁的孩子，也会让孩子免去直面父母的难堪，更好地剖析情绪，分析父母的意见和建议，理智对待失恋。

最后，主动伸手，帮助孩子走出困境，走向成熟。

环境影响人的心境。失恋的人面对着曾经一起漫步的街道和一如当初的摆设，不禁陷在伤心中无法自拔。那不如换个环境，给孩子一个全新的开始。带孩子进行一次郊游、一次远足、一段旅行，让旅途中新的人和新的事唤起孩子内心的热情。如果身体无法远行，就不要禁锢孩子的灵魂，推荐几本好书，给孩子一点儿启发。

任何坏情绪都应该用合理的方式及时排遣，否则郁积于心，容易导致心理疾病的发生。听音乐、旅行、和朋友聚会，这些都是不错的选择，能转移孩子注意力，调节身心。需要注意的是发泄方式一定要恰当，教孩子做到失恋不失态，不要选择一些幼稚或者过激的方式。学会控制自己的行为，尤其在情绪激动时，这也是成熟的重要标志之一。

“失之东隅，收之桑榆。”教孩子从挫败中找不足。

略带昏黄的灯光让人卸下沉重的心情，尽情释放内心的压抑与苦闷。

龙萧和妈妈坐在咖啡馆的角落里，良久，妈妈开口打破了沉闷的气氛。

“儿子，跟妈妈说说她是个怎样的女孩好吗？”看着心平气和的妈妈，他终于开了口。

在一个多小时的长谈之后，妈妈很惊讶儿子近来的变化，确实感到自己对儿子的情感状态疏于关心了，才会导致儿子的失恋情绪加重。作为儿子，龙萧对妈妈今天的反应也感到很惊异。她一改平时张口就骂的作风，反而关心起自己失恋的真相和自己内心的情感起伏。这一夜，母子没有任何隔阂，没有任何顾忌，聊得很开心。龙萧失恋来多日的压抑、苦闷也觉得消除了不少。

“孩子，失恋其实没什么。你们毕竟还小，关于未来有太多的不确定因素。这份爱恋是你们无力承受。从现在起好好武装自己，将来在爱情来临之际才能给爱情一个结果，不要辜负自己的爱情，更不要辜负自己的青春。”

上例中的妈妈改变了以往的态度，改教训为沟通，儿子也变得愿意向母亲敞开心扉，双方经过交流后使问题得到解决，母亲用自己的人生经验为儿子排忧解难，母子之情也进一步加深了。失恋固然是痛苦的，但这种结果的出现和孩子对待感情的方式是分不开的。既然选择了结束，那自身应该也是存在不足和缺点的，让对方失去信心；或者对方身上也有各种缺点，自己也无法接受。家长不妨和孩子坐下来仔细分析下整个恋爱过程中孩子的表现，比如在对待性格差异时的态度和处理问题的方式，找到孩子性格中欠成熟的地方，帮助孩子成长、进步，为以后的恋爱和婚姻生活打下基础，提升孩子人格魅力。在这一过程中也可以帮孩子明确爱情的真谛，树立正确明晰的爱情观，知道自己想要什么，在以后可以更好地把握幸福。

告诉孩子“友谊的小船”如何才不翻

小枫和小洁两个平时形影不离的好朋友突然间不说话了，谁也不理谁。

原来，刚刚过去的英语考试中小枫有一道不会做的题目，她左思右想实在做不出来，而且这道题还是自己平时做过的。她在万分焦急的情况下准备求助于前排的好朋友小洁。“她肯定会告诉我的，我们的关系那么要好。”小枫这么想着，偷偷地用脚踢了踢小洁的椅子，正在埋头认真答题的小洁轻轻偏了偏头，看见一脸焦急的小枫，小枫指了指自己的试卷，小洁顿时明白了过来。

可是，出乎小枫意料的是，小洁并没有像她想象中那样帮她，而是转过去继续完成自己的试卷。这让小枫不仅十分着急，而且还有点儿生气。

考试结束后，小洁追着头也不回往家走的小枫，解释道：“不是我不帮你，今天是在考试，我们不应该作弊的，不是吗？如果帮了你，这也是在害你，不是真正的帮助啊！”可不管小洁怎么解释，小枫还是不理睬。

“哼，装腔作势。不就是怕我超过你吗？还说是好朋友呢，小气鬼！”小枫气呼呼地想着。

看着她的背影，小洁知道这个昔日无话不说的好朋友因为试卷真的和自己生气了，她觉得自己没有做错，但她也不想失去一位好朋友。在友情的风波里，她失去了主意……

在这个案例中两个小女孩因为考试伤及友谊。小洁因为没有帮朋友作弊，便遭到误解和不满，使双方的友谊遭遇挫折。小洁的做法无疑是正确的，但在小枫看来这伤害了她们之间的友谊。其实很多青少年都会遇到这样的问题，时常会遇到这样的友谊风波。友情在青少年的心里占据着重要位置，进入青春期的孩子随着与外界接触的增多，友谊的重要性也越来越凸显。而友谊的波折也时常给他们造成很大的困扰。

友谊是人们不可或缺的重要情感，对于青少年们更是如此，但年少的他们往往由于一直冲动使友谊遭遇波折。作为家长，要帮助孩子正确对待友谊里的挫折，使孩子能更加理智、更加成熟地对待交往过程中的问题，帮助孩子完善自己，在成长道路上顺利前进。

作为家长，应该教会孩子正确对待友情里的波折，处理好人际关系，及时帮助孩子走出困境。这里有几点建议供家长们参考：

首先，关心孩子的人际交往近况，多和孩子沟通交流。

沟通是解决问题的基础和前提，只有沟通了才会了解，了解了才会找到解决问题的方法。家长和孩子之间更是如此。家长只有通过与孩子沟通，才能了解孩子现状和内心想法，家长自己也应该留心孩子的人际交往圈。孩子总喜欢跟家长说说自己在学校在外面的事，当然会少不了谈论和朋友之间的事，或者把朋友请到家里做客，家长也可以通过孩子的叙述和表现来判断他最近的状态。总之家长要关心孩子的情绪状态，及时发现影响孩子情绪的问题，帮孩子营造一个安全舒适的氛围。

其次，面对友谊中的挫折，教会孩子正确对待。

如果已经出现了问题，那就帮助孩子正确对待。告诉孩子友谊中有挫折是很正常的，然后了解清楚事情的来龙去脉，比如孩子和好朋友吵架了是因为什么。这些要和孩子沟通清楚，然后才能帮助孩子分析事件，找到发生冲突的症结所在。在听孩子叙述事情时，要教会孩子保持客观和冷静，比如孩子一直在指责对方的错误时，家长应该试着询问孩子是否真的是这样，引导孩子冷静思考、客观对待，教会孩子勇于承担。其实好朋友之间发生冲突，一般双方都是有责任的，不要让孩子只看到别人的缺点，推卸责任给对方，要教会孩子勇于认错，敢于承担。当然，在这一过程中，家长也不应该一味指责孩子，不重视孩子的友情，甚至笼统地下结论“不要再和他来往就不会有事了”，这样的做法是不可取的。要帮助孩子找到问题，正确处理友情里的波折。

最后，教孩子解决问题，化解友情危机。

小枫气呼呼地回到家：“哼，我再也不要和她说话！”

小枫妈妈看见女儿气愤的样子，打趣说：“是谁惹小枫生这么大气啊？”

“还不是小洁！哼，仗着她成绩好，我有不会的问题她都不告诉我！”小枫想起今天小洁扭过头不理自己的情景，更生气了，“还说是好朋友呢，哼！”她觉得自己无比委屈。

“怎么了，你们俩不是一直很要好吗？出什么事了？跟妈妈说说，我来评评理。”妈妈看着女儿，笑着来当调解员，“她不告诉你什么啊，什么时候，在哪里啊？”

听妈妈这么一问，刚才还气鼓鼓的小枫顿时支吾起来：“嗯……这个，是在……刚才考英语的时候……”

“唉，小枫，这就是你的不对了。怎么能在考试的时候交头接耳呢？这可不是诚实的学生该做的事，你说呢？”

听着妈妈的话，小枫红了脸。

“你说这件事是谁的错啊？”

“嗯……不是小洁……”

“那你还要不要跟她生气、不理她了？她可是你的好朋友哦，现在你误会她了，是不是该做点儿什么或者跟她道个歉呢？”

看着犹豫的小枫，妈妈对她说：“做人就要勇于认错，既然自己有错，就要敢于承担。你们是好朋友，就更应该坦诚大方。我相信，小洁不会怪你的。你看小洁成绩好，那以后就要多跟她交流学习，争取下次也能考好，不要再在考试的时候问她。你说呢？”

妈妈的一番话打动了小枫，她想起了小洁平日对自己的好，小洁总是帮自己解决一些学习上的问题，每天都和自己形影不离的。自己也不想失去这个好朋友，所以也决定向小洁道歉，希望能和小洁继续做好朋友。

吃完饭，她就向小洁家走去，顺便给小洁带了妈妈做的小蛋糕。

两个好朋友又像从前一样要好了。

找到了问题，接下来就应该解决友情里的问题，帮孩子化解矛盾。家长要和孩子分析原因，找到双方各自的对错，然后针对孩子的错误，和孩子商讨解决办法。如果真的是孩子有错误，那就教他学会低头，向好朋友道歉，也许问题就会变得简单多了。或者孩子碍于面子，不想低头，那不妨为孩子准备一个小礼物，附上一张小纸条，让两个好朋友悄悄解决矛盾，避免彼此的尴尬。

当然，也并不是任何情况下都要孩子主动认错。在孩子没有犯错的情况下，要让孩子知道坚持正确的原则是对的，但要注意跟朋友交流的方式。也许自己的初衷是好的，但由于方式出了问题，让朋友难以接受，也会导致友谊出现波折。这个时候家长就要教孩子跟朋友相处的方式，比如朋友有错，最好不要用批评指责的方式直接说出来，这样会伤害朋友的自尊心。可以用委婉的语气或者暗示的方法，让朋友自己意识到问题，这样既解决了问题，又不伤害朋友间的感情。

关爱孩子，加强对孩子的亲情教育

爸爸妈妈打算周末带佳佳去看望乡下的爷爷奶奶。可是佳佳却有点儿不情愿。

“乡下没有好玩的玩具，没有可以买东西的大商场，而且亲戚家的小孩子那么多，每次回去都叽叽喳喳的，烦死了。我才不要回去呢！”佳佳心里暗暗抱怨着，为了不去乡下，她对爸爸妈妈说：“我要去游乐场玩，我们下次再去看爷爷奶奶好不好？”

看着打鬼主意的佳佳，爸爸妈妈也很无奈。佳佳都是六年级的学生了，可还是和老家的人亲情淡漠，始终不愿意和老家的人多接触。亲戚来到家里，佳佳也表现得很淡漠，客套地打过招呼后就躲在房间里不出来了，和几个表姐妹也没什么深厚的感情。这让爸爸妈吗很担心。

“唉，看佳佳现在这样，以后可怎么和家里人相处啊？一点儿都不像我们小时候，兄弟姐妹多，感情又好，现在还能相互帮个忙。他们这一代亲情这么淡漠……”

“是啊，现在的孩子都独处惯了，亲情的概念在他们脑海里基本是空白，在家里和父母的交流都很少，更何况和亲人间呢？”

看着一旁沉浸在动画片里的女儿，佳佳父母陷入了沉思……

现在的孩子大多在家里娇生惯养，养成了自我、自私的性格，加上电视、电脑和各种高级玩具，让孩子更加容易沉浸在自己的世界，忽略了身边最重要的感情——亲情。进入青春期的青少年随着自我意识的膨胀，和父母的矛盾也会随着增多，亲情观念在他们心里又会淡化不少，但这样的状况对孩子的发展很不利。我们都知道亲情对于一个人的重要性，这是陪伴我们每个人终生的情感。俗话说血浓于水，亲情是不会随着时间和外界的变化而改变的情感，是一个家庭甚至家族的情感纽带，将一家人凝聚起来的强大力量。

亲情是一种重要情感，从亲情出发，让孩子认识到他人对自己的关爱以及自己对他们的回馈的重要，让孩子学会关爱亲人，从而在以后走向社会后能将这种情感推广到关爱他人、关爱社会，成为一个积极向上、有责任感的人。苏联教育家苏霍姆林斯基说过：“只有爱妈妈，才能爱祖国。”亲情是一切情感的源泉，一个连养育自己的父母、关爱自己的亲人都不关心，连最亲近的亲情都漠视的人又怎么会爱他人、爱祖国呢？古语“忠臣求于孝子之门”也是这个意思。所以，让孩子认识什么是亲情，对孩子的发展至关重要，这里有几点建议供家长们参考：

首先，从孝出发，以身作则，在日常生活中让孩子体会到亲情的存在。

与孩子接触最多、最亲近的就是父母，所以父母要做好孩子的启蒙老师，让孩子在生活的点滴中意识到亲情的存在。从日常对孩子的照顾与关爱中让孩子体会到父母的亲情，同时要为孩子营造一个温馨和睦的家庭氛围，在这种气氛的感染下让孩子体会到亲情的存在。父母自己也要重视与家人之间情感的培养，如果家长自己和家里亲人之间的来往甚少、感情淡漠的话，那么孩子也会效仿，在亲情缺失的环境中长大的孩子是无法感受到亲情的。孝，是亲情关系中必不可少的润滑剂。孝，是对长辈的回报，是对亲情的回馈。家长首先要孝敬老人，给孩子树立一个好榜样，带孩子经常回家看望老人，对长辈的疼爱要懂得回馈，在潜移默化中让孩子认识到亲情的重要性。

其次，学会感恩，教孩子回应亲情，懂得亲情的重要。

教孩子意识到了亲情，还要让他们学会感恩，在与亲人的来往中加深对亲情的理解，更加深刻地体会到什么是亲情。面对长辈们的关爱，要教会孩子学会感恩，教孩子重视亲人之间珍贵的亲情。亲情是一种无法选择的情感，无论发生什么事，都不会改变这种感情。所以对这种珍贵的感情，要教孩子学会感知、学会珍惜、学会感恩。为父母做些力所能及的事，经常看望爷爷奶奶，和家里的兄弟姐妹搞好关系，这些都是对亲情的回馈、对亲人的感恩和回报。家长要在日常生活中培养孩子的亲情意识，在感恩和回馈中增进亲情。

最后，言行一致，在故事中让孩子体验传统美德，为孩子的发展奠定情感基础。

又到了周末，看着还躲在房间里的佳佳，爸爸对她说：“佳佳，我们已经很久没有看望过爷爷奶奶了，他们都很想你呢，还有叔叔家的哥哥姐姐，他们还想和你一起玩呢。还记不记得小时候你们在一起玩得多开心啊？爷爷奶奶还经常给你做好吃的，你要是不去看看他们，他们该多伤心啊？”

妈妈看着犹豫的佳佳，接着说：“是啊，佳佳，我们都是一家人，要相亲相爱的。你要经常回去看看爷爷奶奶和家人，做个孝顺听话的好孩子。你们学的《三字经》里不就有一句‘香九龄，能温席’吗？佳佳都12岁了，肯定能做得更好的，是不是？”

“对啊，佳佳，回去还有那么多小伙伴陪你一起玩，比你一个人在家看动画片有意思吧？我们还可以买些好吃的，和他们一起野餐哦！你要不要去啊？”

听着这些，早已心动的佳佳终于露出了笑脸，愿意和爸爸妈妈一起去乡下看望爷爷奶奶。在乡下的周末时光让佳佳体会到不一样的快乐和与家人在一起的亲切，她开始体会到亲情的温暖。

佳佳已经和爸爸妈妈说好，以后每个周末都要去看望爷爷奶奶。

亲情是一种亘古不变的情感，我国传统中“孝”等传统美德很好地为亲情做了注解。家长可以利用这些故事，让孩子体会到亲情的力量。给孩子讲讲“香九龄，能温席”这些经典的故事，用孩子喜欢的方式让孩子在故事中领悟亲情。也可以给孩子讲讲身边的故事，让孩子在实例中感受亲情的美好，培养亲情意识。